芸術療法実践講座 1

絵画療法 I

飯森眞喜雄・中村研之 編

岩崎学術出版社

序　文

　　徳田良仁日本芸術療法学会名誉会長によって，わが国に芸術療法の種が蒔かれてから40年が経ちます。徳田先生のたゆまぬ情熱と献身によって育まれた芽は，幾人もの臨床家たちによって熱心に手入れされ，慧眼と創意工夫によって品種改良を受けながら，今日ではさまざまな土壌で花開いています。現在，日本の芸術療法は世界でも最高の水準にあります。

　「芸術療法」といえば以前は「絵画療法」と同義でしたが，次第に他の表現形態も用いられるようになり，いまでは絵画のみならず，コラージュ，陶芸や粘土などによる造形，箱庭，音楽，俳句や短歌も含む詩歌，心理劇などの演劇，ダンスやムーブメントといった，人間のもつ多彩な表現活動を通して行う療法の総称となっています。

　草創期には，主に精神病院を舞台として精神病を対象に行われていましたが，近年では軽症の精神疾患はもとより，青少年の問題行動や教育現場での問題，一般医療現場やターミナルケア施設，高齢者施設や痴呆老人施設など，精神医学的・心理臨床的治療やアプローチを必要とする領域で幅広く行われるようになりました。

　芸術療法と聞くと，「芸術」という冠からして，どこか高邁でとっつきにくい特殊な療法のように感じられるかもしれません。しかし，芸術療法の基本原理はわれわれが幼いときから親しんできた，さまざまな表現活動のなかにあります。たとえば，はしゃぎながらやっている「なぐり描き」，独り言をいいながらやっている空想の国の「お絵かき」，夕闇が忍び寄るのも気づかずに夢中になってやっている「砂場遊び」，木漏れ日の綾なす光と影を舞台に飛び回っている「ごっこ遊び」，思春期にそっとノートを開いて記す「詩作」といったものの中に，この療法の本質を見いだすことができます。これらの活動は，その当時は無論のこと，大人になってからも気づくことは

ありませんが，われわれにとってかけがえのない成長の手立てであったのです。また，芸術表現を見たり聴いたりすることの心や情緒にもたらす作用についてはいうまでもないことですが，最近では大脳機能に及ぼす働きも科学的に証明されつつあります。

　芸術療法とは，表現することの包含している意味と，表現されたものを通した交流のもつ意義とを，治療に生かそうとするものです。しかし，芸術療法の基本が誰しもがやってきたことにあるからといって，何のとっかかりもなく，また無原則に用いることができるものではありません。しかも，芸術療法の広がりとニーズの高まりとともに，技法とその適応，治療者の職種などが多種多様化し，そのため乱立・乱用気味のところがないとはいえません。

　芸術療法が「療法」であるためには，対象となる疾患や問題に対する理解，適応の是非の検討，有効性についてのきちんとした評価など，厳密さが要求されてきます。さらに，その実践にあたっては"知恵"，"作法"，"工夫"，"コツ"といったものも必要となってくるでしょう。

　そこで本講座では，絵画，コラージュ・造形，音楽，ダンス，詩歌・文芸といった5つの代表的な技法をとりあげ，芸術療法を日々行っている方々に執筆をお願いし，臨床的・実践的な観点から，これらを全6巻にまとめてみました。

　本講座をきっかけとして，芸術療法がさまざまな領域でさらに深化・拡大するだけではなく，臨床に携わる方々の一助となり，治療や臨床現場での問題解決にささやかながら貢献できることを願ってやみません。

編集代表　飯森眞喜雄

絵画療法Ⅰ　目次

序　文 ……………………………………………………飯森眞喜雄
　　3

はじめに …………………………………………………中村　研之
　　7

第1章　子どもの問題行動と絵画療法 …………………宮川　香織
　　はじめに　13
　　1. 子どもの絵画療法の担う期待と失意　14
　　2. どう描かせるか？　描くことでどうなるのか？　18
　　3. 絵画療法の出番　22
　　4. 子どもに合わせた応用と展開　24

第2章　非行少年と風景構成法 …………………………藤川　洋子
　　はじめに　35
　　1. なぜ，風景構成法を用いるか　35
　　2. 実践の例　42
　　まとめ　51

第3章　児童期・思春期・青年期心身症の治療における絵画療法
　　………………………………………………………待鳥　浩司
　　はじめに　53
　　1. 心身症およびバウムテストとの出会い　54
　　2. 偶然の絵画療法　56
　　3. 意識的に用いた絵画療法　58
　　4. 精神科領域での体験　60
　　5. 補　足　69
　　おわりに　71

第4章　ことばを越えたコミュニケーション――自閉症児の造形活動
　　　　　　……………………………………………………鈴木美枝子
　はじめに　*73*
　1.「つくろう　ぼくらのびじゅつかん」の概要　*74*
　2. 事例呈示　*75*
　3. 自閉症児に対する造形活動の要点　*82*
　おわりに　*87*

第5章　痴呆老人とのアートセラピー　………………市来百合子・内藤あかね
　はじめに　*89*
　1. 痴呆老人へのグループアートセラピー（GAT）　*90*
　2. 個人療法的なかかわりによる痴呆老人の心の深層へのアプローチ　*101*
　おわりに　*112*

第6章　ターミナル領域におけるコラージュ法　…………………中原　睦美
　はじめに　*115*
　1. ターミナル領域における心理的諸問題　*115*
　2. ターミナル領域におけるコラージュ・ボックス法の臨床的適用　*117*
　3. ターミナル領域におけるコラージュ・ボックス法実施の実際　*120*
　4. その他の留意点　*131*
　おわりに　*133*

第7章　ターミナルケアにおける絵画・コラージュ・造形療法
　　　　　　……………………………………………………中根　千景
　はじめに　*135*
　1. 治療者の仕事　*136*
　2. 適応と具体的方法　*142*
　3. 事　例　*146*
　おわりに　*150*

事項索引　*153*

人名索引　*155*

はじめに

　芸術療法実践講座1，絵画療法Ⅰで扱われるテーマは児童，思春期・青年期および老年期の問題行動と精神症状，そして死に至る身体疾患における精神症状に対する絵画療法等に関するものである。精神科における芸術療法の歴史は，まず統合失調症（精神分裂病）を対象に発展してきたという経緯がある。対象疾患として，次に躁うつ病（うつ病，躁病を含む），神経症，人格障害等とその適用範囲を拡大しながら今日に至っている。こうした精神科における主要な疾患に対する芸術療法については，本シリーズの2巻にまとめられているので，そちらを参考にしていただきたい。

　さて本巻の誕生が意味するところであるが，わが国における芸術療法の裾野の広がり，と換言することができるだろう。つまり精神医療とは別の現場で，たとえば知的障害者や身体障害者の施設，家庭裁判所や少年鑑別所，少年院，そして老人施設においても以前から独自に絵画活動は行われてきた。しかし，それは心理テストとしてであったり，レクリエーションや作業療法，あるいは絵画教室としてであった。今日のように療法と呼べるようになったのは，さらに後になってからである。一方，精神科の臨床現場で生まれ発展してきた芸術療法は，その理論的背景として精神病理学，特に表現精神病理学と密接な関わりをもっていた。

　ここにきて，表現精神病理学で基礎付けられた芸術療法が，精神医療の周辺領域で実践されてきた芸術活動の経験の蓄積と，同じ土俵で語られるときを迎えた。そして個々の臨床の場で得られた多くの知見を，さらに理論的に肉付けし，普遍化していくための機が熟したと言える。

　本書では現在，臨床の第一線で芸術療法を実践している治療者による意欲的な論文を紹介している。最初に児童，思春期・青年期の絵画療法の経験を，3名の論者に語っていただいた。子どもは大人の縮図である。大人の社会に

こころのゆとりが消失しつつあるのと同様に，学校においても自宅においても，子どもたちは昔と比べてたいへん忙しい生活を強いられている。時間的にも物事の考え方にしても今の子どもは，規範から外れることの許容度が年々狭まってきている。そして，いったん，規範の枠を越えてしまった子どもたちの居場所は極めて限られている。昔ならば学校に行かずとも，勉強せずとも，考えや行動・態度がちょっと変わっていようとも，社会は今よりも大らかであったように思う。また大らかになれるだけ，大人の側のゆとりもあったのだと思う。それが今日に至って，学校においては不登校が，家庭においては家庭内暴力が，街においては非行が，それぞれ顕在化してきている。これは明らかに大人の社会の歪みが子どものこころに影響を与えた結果に他ならない。こうした硬直化した子どものこころに対してわれわれのできること，それは自由度の大きい，規範の少ない，言語とは違った芸術療法なのである。

本書では，子どもに対する絵画療法の実践例をできるだけ多くの症例と実際の作品を交えながら提示している。その際，治療過程における多々の注意点についても記載されているので実際に施行するときに役立つだろう。描画の技法には数多くあるが，現時点で最も市民権を得ているものとして「風景構成法」がある。描画法には大きく分けて，ナウムブルグ（Naumburg, M.）により創案された投影法の代表である「なぐり描き法」と，先に挙げた中井久夫による構成法の代表である「風景構成法」がある。対象とする症例に応じて，絵画療法の諸技法を選択するわけだが，この「風景構成法」は診断的価値，治療的価値，また施行に際して最初に治療者がクライエントの目の前で枠を引くことによって生み出される信頼感，保護感，また時間を追っての継時的な利用性，等，どれをとってもたいへん洗練された技法である。規範から逸脱してしまった子どもに枠付けし，構造化していくには最適な技法なのである。

次に自閉症児に対する芸術療法的アプローチに関して章は進められていく。自閉症については芸術療法諸技法のみならず，疾病そのものに関する十分な医学的知識が必要である。自閉症特有の病理を理解せずに施行すれば，精神

遅滞に対する芸術療法のそれとほとんど変わりなくなってしまう。自閉症児は精神遅滞児と異なり，精神機能の水準が均等でなく，個々の機能に偏りがある。言語機能，コミュニケーションの障害に加え，特定のものにこだわるなどの強迫傾向が目立つ。患児によってはこの強迫性が幸いして，素晴らしい描画能力を発揮することもある。個々の症例に応じた柔軟性が治療者としても要求される。

　さて，高齢化社会が進むなか，痴呆老人の数は増加の一途を辿るだろう。痴呆の治療は薬物をもってしても，なお非常に困難である。人間が長生きすれば，老化は必然であり，脳の老化からくる痴呆も避けられない。したがって痴呆の治療とは，「若返り」ではなく，より良い老化，バランスのとれた老化に至ること，と言い換えることができるかもしれない。そのためには局所にのみ切れ味の良い薬物ではなく，たとえるならば最近注目されている多元受容体標的化抗精神病薬（MARTA）のような，さまざまな作用部位が想定される治療が必要ではなかろうか。精神療法においてもほぼ同じことが言えよう。そうした点からも，芸術療法は最適なアプローチとなろう。

　同じことは重症身体疾患における芸術療法についても言える。高齢化がもたらす結果として痴呆のみならず，それまで延命することの難しかった難治性疾患，特にがんの患者の精神的ケアが重要な課題になってきた。完治する初期のがんとは異なり，予後不良の進行がんの患者は在宅にせよ，入院にせよ，少なくとも身体医学的アプローチの限界を超えた患者として余命を生きることになる。筆者も実際にがんセンターの心療内科医としてこうしたターミナルの患者の治療に携わってきた経験がある。がんセンターで精神科医にコンサルトを求められる疾患で多いものとして，抑うつ状態とせん妄がある。こうした精神症状に対しては，精神科医は専門医として悩むことなく治療に当たることができる。しかし紹介されてくるケースのなかには，がん告知の有無にかかわらず，死と向かい合うための援助を求められることがある。最近では，がん告知が積極的に行われているが，その後の心理的フォローが不十分なケースが目立つ。こうした患者のこころのケアというのは，従来の精神科の教育では教わらなかったし，単科の精神科でのみ働いてきた医師にと

ってはまったく初めての経験となる。つまりこれまでの精神医学の知識が直接役に立つことなく，ある種，宗教家に求められるような立場に追い込まれたことを思い出す。

　ある在宅のがん患者さんに対する外来通院治療の経験で，筆者はターミナルにおける芸術療法の確かな手応えを感じた。患者は幼稚園の園長先生で，とても立派な人格をおもちの女性である。彼女は外科医の判断で病名および余命の告知をすでに受けていた。がんによる疼痛を鎮痛薬でコントロールしながら，最後まで仕事を続けていた。心療内科の外来において，彼女は生への強い執着を語った。彼女が無理に明るく振舞おうとする努力が，逆に涙を誘い，外来には重苦しい空気が漂った。ある日，彼女は自分の孫たちに何か残したい，と手作り絵本を作り始めた。自作の物語に合わせて画用紙に色紙を切り貼りして人物や動物などが表現された。絵本作りが始まってから，彼女は新たな目標を得ることができ，とても生き生きとしていた。時々制作途中の絵本を筆者の外来に持参して，語る姿はとても嬉しそうであった。結局，分厚い絵本が2冊完成して，患者は外来に現われなくなった。あとから家族の話で彼女の死を知った。

　このケースの場合，絵本作りが病気の治療というより，人生の締めくくりの役を果たしたと言えるだろう。絵本にこだわらず，描画でもコラージュでも粘土でも，ケースに応じて諸技法が選択可能である。ターミナルケアの重苦しい時間のなかで，芸術療法の諸技法は大きな助けになると思う。

　さて，ここで現代社会とこころの関係を考えてみよう。人類はこの数十年で有史以来，ある意味で最も急激な変化を体験してきたといえるだろう。この変化をさまざまに表現することが可能だが，たとえばアナログから白黒はっきりしたデジタルへの変換，さらに移動，通信，仕事，あらゆる事柄の高速化，個性よりも標準の重視，などなど，数え上げればきりがない。便利な一方，大変忙しく，慌ただしく，窮屈で居心地が悪い，そんな社会である。生き物としての人間を無視した，機械やコンピュータの規格に合わせた社会と言い直すことができるかもしれない。

　医学の分野でもEBM（evidence based medicine＝エビデンス立脚医

学）やクリニカル・パス全盛の時代である。EBMとは統計学的データ等の科学的根拠に基づく医療のことであり，クリニカル・パスとは疾患別の標準的治療のスケジュール表のことで，両者は密接に関係している。これらは全体としてみると，大きな間違いがなく，そこそこの医療水準を維持することができるが，個別的，例外的医療には向かない。患者はそれぞれ個性があるから，ファーストフードショップのマニュアルのようにはいかないことの方が実際は多いはずである。さらに治療者にとっても，一律なやり方が必ずしも最大の効果（臨床能力）を発揮するとも限らない。特に，精神科領域の，それも精神療法についていえばこのことは明らかである。生身のこころを癒すには，患者の個別性に見合った治療が必要である。

　こうした最近の医学の潮流とは対照的に，芸術療法で行われる表現や創造の過程といったものはたいへん曖昧なものである。言語とも異なり，またその質や量を数値化することも困難である。ところが治療的に有用であることは多くの治療者が経験的に知っている。こうした臨床経験の蓄積，治療実践の積み重ねから得られた知見が本書では余すところなく述べられている。実際の臨床知見を基に具体的に語られているので，施行に際してたいへん参考になると思う。

　統合失調症などの臨床経験と比べると，児童，思春期・青年期，老人，ターミナル領域の絵画療法の実践はまだ日が浅い。ここで述べられた珠玉の知見が単に職人芸，匠の技に終わってしまわぬよう，本書が導きの糸となって各医療機関，施設などで，さらに芸術療法が普及し，治療技法として普遍化していくことを切に願っている。

　平成十六年春，生命が蠢きだす啓蟄の午後

中村　研之

第1章　子どもの問題行動と絵画療法

宮川　香織

はじめに

　絵画療法は，感情や体験の言語化が十分にできない若年のケースによく使われる。セラピストが幼いクライエントの内的世界を読み，交流し，気持ちや行動を揺り動かすために，非言語的アプローチが使いやすいというのが通説だからだ。ただ，あまりに当たり前で誰もいわないが，非言語的アプローチは一つの大きな問題を抱えている。それは，出てきた結果も非言語的で，結局は誰かが（多分，セラピストであると思われるが）クライエントに代わって起こっていることを言語化していかなければならないということだ。その点では，芸術療法も解釈の段階では言語を駆使することになり，一般に思われているほど特殊な療法ではないことになる。この非言語的内容，あるいは表象を，言語に基づくストーリーに翻訳する作業は，厳格に取り組む者にとっては困難を極める。一方で，シンプルな解釈方程式を信じる者には極めて手軽な作業なので，不登校その他の子どもの問題行動などに絵画や箱庭はともかく頻用されている。だが，表象の本来もつ曖昧さを排除して，セラピストにとってむしのいい「洞察」だけを読み取ってしまうようなとき，そこにセラピーは存在しているのだろうか？　さらに本当に解釈されるべきなのは目に見えて触れることができる「絵」だけなのか？
　ここでは，描かれたものの象徴解釈ではなく，子どもの問題行動に対してのより現実的具体的な絵画療法の「はこび方」に焦点を当て考えていきたい。だから個人的な作品は一切掲載せず，あえてセラピストと子どもの描画を巡

るかけひきを診療場面における「作品」の例として掲載してみよう。

1. 子どもの絵画療法の担う期待と失意

　　外来の診察室で，A子は黙ってそっぽを向いていた。医師に話すのはほとんど母親である。
　母親（以下，母）：絵画療法を娘にやっていただきたいんです
　セラピスト（以下，セ）：それはまたどういうことで？
　母：そういう療法をして子どもがよくなったという話を聞いたからですの
　セ：よくなった，と，いいますと……
　母：不登校の子が学校へ行くようになったとか……
　セ：Aちゃんは学校へ行かないんですか？
　母：いえ，ちゃんと行っております
　セ：じゃ，Aちゃんの何を絵画療法で治したいと思われているんですか？
　母：親の言う事を上の空で聞くし，勉強に対して集中力がないような気がするんです……

　子どもの精神科専門外来では，母親とのこんなやりとりで困惑する経験は一度や二度ではない。通常の精神科診療は，問題か症状がまず訴えられ，それから治療の話になるのだが，なぜか子どもの場合，特に箱庭や絵画においては，親から療法の注文から入って，それが子どもの問題の治療に適切であるかどうかの話し合いになる，というパターンが存在する。親たちが絵画や箱庭を名指しにすることが多いのはだいたい次のような理由によることが多い。
　①薬物療法のように副作用がなくキケンではないという認識
　②マスコミや出版物で精神的問題の治療に有効であったケースばかりが報告されている
　③普段の養育努力でできない問題解決ができ，問題行動にも明快な結論が出せるのではという期待

　これは一種の偏見である。親たちの一部は心霊治療のように絵画や箱庭を考えている。さらに悲しいかな，セラピストの側も芸術療法のテクニックの

具体的な効用と仕様について確たる認識ももてておらず，親におされて療法の適応を決めがちになっているのが現実である。先にも述べたように，非言語的療法は最終的な解釈の研磨をもって療法として成り立つ。だが非言語を言語で説明しつくすことは所詮不可能である。いつも曖昧な部分が残り，そこでセラピストの考えが遊ぶ。効果がなかったともいえるし，効果があったようにもいうことができる。だから絵画療法はあるセラピストのもとでは気休めとみなされ，べつのところでは有効な治療手段ともてはやされたりもするのである。

　ところで，親とは全然別の期待から子ども自身が絵画療法を注文することもある。そういうときはセラピストとしてはなるべく応じて絵画を導入していきたいものだが，あまりうまくいかないときもある。

　　　Bは絵を描くのが得意な不登校の少女である。昨年は，地元の「子ども絵画コンクール・小学生低学年の部」で特選をとっている。
　　診察室にもすっかりなじみ，人見知りも和らいだので，セラピストは学校や友達についての話題をもち出し始めた。
　セ：担任の先生はどんな人？
　子ども（以下，子）：……ねえ……。話すのはつまらない。絵を描こうよ
　セ：うん，わかった。絵を描こうか？
　　診察室のひきだしからセラピストがスケッチブックとクレヨンをとってくると，Bは大喜びで書き始めた。
　セ：何を描くの？
　子：私，うちの犬の絵を描くの
　セ：どんな犬？
　子：……横向きも……，前向きも描けるのよ
　セ：家族の誰に一番なついているのかな？
　子：……犬の歯茎のところの色はね……，ピンク色なんだ
　セ：そうなんだ……その犬はどんな食べ物が好物なの？
　子：この前ね，図工の時間にうちの犬の絵を描いたら褒められたんだよ
　セ：……

　仲よくなるために子どもの好きなこと得意なことについて知り，それを利

用するのはセラピストの手である。しかしその「得意」が診療の妨げになることもある。幼い子でも，執着のあることには自分なりのやり方をもっているので容易にそこに第三者の参入による変更を受け入れないことがある。ただ絵を描きたい子どもは描画を強引に療法にしようとするセラピストに対し不快を示すかもしれない。そういう場合は子どもに敬意を表し得意分野に触れずにかかわりをもつか，セラピストの方が自分の療法概念を広げてその子のための絵画療法の作法を作り上げていくしかない。

ところで，先述のごとく絵画療法には人びとの好意的な先入観がついて回る。それゆえ導入は楽で余計な説明をする必要がないことが多い。だが，効果なく時がたった後のクライエントの失望はその分大きくなりやすく，その失意は療法やセラピストの能力に向けられることもあるが，精神科診療全般に向けられ，子どもに大きな無気力を生むこともある。

　　15歳のCは小学校4年から不登校を繰り返している。6年で登校を再開し，なんとか小学校を卒業したが，中学1年の夏からまた学校に行けなくなり，3年の春から登校を再開するも，ゴールデンウィーク明けから再び不登校になって来院した。これまでに2カ所の病院，1カ所の相談室に行ったことがある。今回，また精神科外来に連れてこられたCは，診療を拒否するふうはないが，かといってセラピストやプレイルームに関心を示そうともしない。
　セ：絵を描くのは好き？
　子：それ。僕，何回もやった。前の病院と相談室で……
　セ：そうなの
　子：「家」を描いたり「木」を描いたりするのもやった。「風景構成法」もやった。スクィグルっていうの？……あれもやった
　セ：へえ……
　子：毎週通って，描かされるんだ。でも何にも変わんないよ。あんなことしても……
　セ：絵を描くのはあまり好きでない？
　子：でも，先生も，また，僕に描かせたいんでしょ？
　セ：……そういうわけじゃないけど……
　子：いいよ。描いても……
　セ：C君はこういうところへ来るのは気が乗らない？
　子：うん。僕には役に立たないと思う

この子どもは学校だけではなく診療機関に対しても失望している。漫然と繰り返される療法に子どもが辛抱して黙々と付き合うことで過ぎていく時間の代価は大きい。そして結果は，絵画療法の敗北以上のものである。たかがひとつの療法がフィットしなかっただけのことで，将来の精神療法的介入すべての入り口が閉ざされる結果がもたらされる。だから「たかがひとつの療法」でも下手に期待を担ってしまったら，責務は大きい。
　セラピストは，療法へのクライエントの不適切な先入観に対してもっと敏感であるべきである。少なくとも子どもの親とは，絵画療法を導入するに当たって，療法のイメージと効果について，次のような点を説明し，認識を近づけておいたほうが良い。
　すなわち，絵画療法は，
　①子どもが緊張や不安を処理する手助けになる可能性があるので利用する
　②その効果は緩徐で，最初のうちは行動の変化より子どもの表情や活発さに表われることが多い
　③効果を及ぼす途中で，一時的に子どもが聞き分けがなくなったり，粗暴になったりすることもある
　④子どもの興味や活発さが動き出したら他の療法に切り替えていくこともある
　⑤作品としての絵より絵の描き方や反応の変化が重要なので，その変化は親にも随時報告していく
　さらに，子ども自身には，次のような態度で絵画療法を行うのが好ましい。
　①描く目的を状況に合わせて変化させる
　　絵画を使う目的には以下のようなものがある。
　　1）遊びとして
　　2）テストとして
　　3）身体運動として
　　4）その時の気持ちを表す記号として
　　5）ゲームとして
　　6）現実再認識の道具として

7)「美術制作」として，
　　8) 誰かへの贈り物として
②技法を知っているのはいいが，セラピスト自体も基本から逸脱できる遊び心をもつ
③描いているところに居合わせているという体験をまず大切にする
④作品の収集と保管に執着しない
⑤描かれたものへの解釈より，描いてみせてくれることへの感嘆の表現を怠らないこと
　そこに現れた子どもに絵画療法が利益をもたらすかどうか確かなことは誰にもわからない。しかしセラピストは療法の下手な利用がもたらす弊害だけはどうしても避けねばならないのだ。これは別に絵画療法に限ったことではないのだが。

2. どう描かせるか？　描くことでどうなるのか？

　精神科外来でよくみる子どもの一般的問題行動，すなわち精神病領域の病理をもたない問題行動には次のようなものがある。
　①不登校の一部
　②易怒性，軽い粗暴行為
　③多動や集団行動への不適応
　④万引き，親の財布を対象にした盗癖
　⑤小学校低学年から出る儀式やこだわり行為
　⑥低年齢の自慰行為，抜毛や爪咬みといった嗜癖など
　⑦特定の状況やものへの恐怖反応
　要するに神経症圏の内容である。
　さて，あるケースに対してどうすることが治療になるとセラピストが判断するか，その判断によって，さまざまな療法を組み込む是非と治療プランが決まってくるものである。子どもの神経症圏の問題処理については，一般には次のようにするのが治療になるのだとイメージされているのではなかろう

か。
　①葛藤をあらわにし，抑圧された感情を開放する
　②それまでの適応が葛藤や抑圧を産んだのなら，根底から環境と適応の仕方を変える
　③上の①，②の作業過程において，子どもの両親またはそれに代わる保護者による辛抱強い受容を必要とする

　神経症の古典的概念に考え合わせてもこの治療イメージはとても妥当であると思われる。プレイや描画は，大抵，①の，子どもの感情の開放手段として，が利用される。絵画療法を好むセラピストのほとんどは，この開放ということを意識して活用しているに違いない。だが，古典的理論は神経症的問題の「成り立ち」に注目して治療プランを立てるが，子どもの問題行動にはその症状の「継続」にかかわる別の重要な要因が働いている。それは子どもを取り巻く周囲の大人の問題行動への対応のやり方による問題行動の強化という問題である。ある行動が続いている背景には必ず，当事者にその行為を優先的に行わしめるような周囲とのやりとりの構造が出来上がっているのである。するとここにもう一つの治療プランが現れてくる。それは，
　①子どもが周囲の人との間でつちかってきた自分の問題行動のイメージを変えていく
　②子どもが問題行動をすることで当然周囲から受けるであろう反応の期待を裏切っていく
と，このようなプランも神経症圏の問題処理の目標となり得，その道具としてプレイや描画のさまざまな効用を利用することもおおいに考えられることなのである。このことについてはまた後ほど治療効果の判定のところで，問題行動の象徴としての描画作品の取り扱いについて述べている部分で触れていってみたい。

　ところで，前の節でも述べたように描画にはとても多くの利用目的がある。描画についてしばしばわれわれが忘れがちなのは，描画活動の身体運動としての効用である。

小学校5年生のDは，多動と易怒性，友達に対する暴言が問題とされていた。彼はじっとしていることが苦手で，診察室に入り，母に命じられてしぶしぶ腰を下ろすものの，ものの2分もしないうちに上半身をくねくねさせ，後ろを見たり，反り返ったりし出した。
　母：いつもこんな具合で，落ち着きがなくて困ります。勉強机にまともに向かっているとこなんか見たこたぁありません。テレビを見るときとファミコンをするとき，ご飯を食べているときと寝ているとき以外じっとしていないんです
　子：お風呂とトイレもじっとしていますぅ！……
　母：(息子の頭をこづきながら) もう少し勉強をしてくれたらねえ……
　セ：ゲームに入れ込めるところを見ると，D君は集中力がないのではなくて，集中力の移動が難しいんですね
　母：どうでもいいことにだけ熱中してくれてもねえ……
　Dは診察机の上の予備のボールペンに手を出し，近くにあったメモ用紙に勢いよく円を描いて遊び始める。母親が注意して再度頭をこづくも，まったく頓着せず，一心にぐるぐると同心円を描く。
　このときセラピストは椅子の上のDの姿勢が，急に安定したことに気づいた。

　クレヨンをもてるようになった小さな子どもがまずするだろうことは，筋肉の勢いに任せて腕を振り回しリズミカルな描線を編み出す行為である。描かれたものは運動の軌跡である。何が描けたよりも，こんなに大きく描けた，こんなにたくさん描けた，こんなに早く描けた，が子どもの喜びになる，そういう描画行為というものもあり，それが子どもに歓喜や安定をもたらすことがある。
　ルドルフ・シュタイナー（Steiner, R.）が考案した「フォルメン」という描画技法では，リズミカルな法則性をもつ線対称点対称の図形課題を描くことで，描画者の感情の乱れや不安の処理を行う。フォルメンの高度な課題の中には，マンダラを彷彿とさせるような一筆書きの複雑な図形さえもあるくらいだ。このような身体運動的要素の強い描画行為の効用は，身体調整であり，情動の開放でもあり，描き出された描線を目で確認して視覚的フィードバックがなされれば，図形は情動の再構成や，時には開放と正反対の封印の効果をもつこともある。それは，友人からの長電話の最中，メモ紙に私たち

が思わず描いてしまう幾何学模様の落書きのもつ機能と似ているかもしれない。

　身体的要素が強い描画としては，その他はフィンガーペインティングやフェイスペインティングもあげられる。さらに，スクィグルにも多少その要素があるといえるだろう。

　ところで，描画活動にはその他の有り様もある。

　　Eはおとなしくて臆病な少年である。大きな声で命令口調で話す大人が苦手で，学校の男性担任教師になじめず，教師が他の同級生を強く叱責したのを目にしただけで登校ができなくなった。
　　外で運動することはあまり好きではないが，手先が器用で根気強く，複雑なプラモデルを丁寧に組み立てて仕上げることがうまい。「ガンダム」のモビルスーツに詳しく，いくつもモデルを組み立てているので，何も見ないでもアニメ顔負けの絵を描くことができる。
　セ：それは何？
　子：シャアのモビルスーツ……
　セ：すごいね。何も見ないですらすら描けるんだ
　子：ここがね，……こんなふうに……なってるんだ……
　セ：何で，そんなに詳しく知ってるの？
　子：……えっと……，僕ね。……僕，……たくさん本持ってるんだ……
　セ：どんな本？
　子：……モデラーのプロの人の出した本とか，……ガ，ガンダムの……ほ，本は……たくさん……
　セ：でも，よく自分で描けるよねえ
　子：あ……これ，……先生にあげる（あまり目を見ず絵を差し出す）
　セ：もらう，もらう。ありがとー！
　子：（初めてちょっと視線を合わせて笑う）ほ，ほんとは……もっと描けるんだけど……

　絵画療法で描かれたものが，作品として強く意識されると，描画行為は「美術制作」となる。そうして「作品」という認識は，描画者の意識を「絵を見た，あるいは見るかもしれない」第三者の前にひっぱりだし，賞賛する

人，批判する人とのかかわりのただ中におく。自分の技を表す，見られる，評価される，これは大げさにいえば一種の社会活動である。また，制作には終わりがあり，多少の無念は残っても，仕上げてそれ以上手を出さないようにする妥協と自己制御がいる。これも社会的なことである。加えて，作品は，ときにある価値を付与されて誰かに贈られたり，注文されたりすることがある。そのような他者とのかかわりや，自己制御にかかわる要素を積極的に治療に入れるべきと思われるケース（対人緊張が強すぎる，あるいは認知の歪みがあって二者関係レベルからがうまく把握できないような子ども）では，絵画療法をあからさまに「美術制作活動」にして鑑賞してしまうのもひとつの手である。ただしこれはあくまで療法であるので，「」付きの美術制作である。作品の美醜，出来不出来と保管管理にセラピストが夢中になってしまいそうなら，子どもをかえって混乱させるのでやめたほうが良いだろう。

3. 絵画療法の出番

　何回芸術療法の講習を受けても，診療というのは生ものである。子どもが診察室に現れて，何を言いだし，したがるかによって，セラピストが何を言い何を誘うべきかが決まってくる。芸術療法に限らず，具体的なクライエントなくして具体的な療法は語れず，が心理療法全般の本当のところである。すべてのケースに万能な療法はなく，同じケースでもある療法がいつも通用するとは限らない。だから，セラピストが療法の出番と引っ込みどころを心得ていてこそ，療法が有効に働くのである。特に芸術療法では作り上げる過程でのセラピストとクライエントの関係の有り様が治療の力となる。定石などというものはなく，比較的守られた時間と空間の中で相互交流の試行錯誤が行われるところに意義があるのである。交流の中で絵画療法がフィットする瞬間もあるだろうし，明快な言葉のやり取りが功を奏するときもある。体を動かしたほうがいいときもあり，黙って窓の外を一緒に見るのがこのうえない至福となるような場合もあるのである。
　そこでここでは，絵画療法の出番と引っ込みどころについて考えてみたい。

まず，お絵描きの出番には，次のようなものがあげられるだろう。
①子どもが，家族外の人に話すことに慣れないとき
②子どもが，セラピストと共有したい体験があるがうまく語れないとき
③子どもが，診察室で探索行動ばかりしており，なかなか落ち着かないとき
④子どもが，画材にいたく興味を示しているとき

お絵描きが，絵画療法になるにはさらに次のような条件を満たさなくてはならないだろう。
①子どもが，セラピストの前でのお絵描きを楽しみにするようになっていること
②子どもが，その描画行為の中で実験をしたり，豊かな感情の発散をできるようになっていること
③子どもが，セラピストの設定した時間と空間の枠内で描画を行い終了させることができること

逆に，絵画療法のやりかたを再検討するか，引っ込めたほうがよいと判断されるのは，
①子どもが，喋りたがっているとき
②子どもが，他の玩具に強く魅かれ，遊びたがっているとき
③子どもが，描画をなかなか始めたがらず，興味が薄れてきているとき
④子どもが，人前で絵を描くのに強く抵抗を示すとき
⑤子どもが，人との交流が伴うことを嫌うとき
⑥子どもが，一度描き出したら止められないとき

この場合の①では，描画の流れを中断してもおしゃべりの聞き手になるべきである。②ではもちろん，玩具を間にプレイをすべきである。③のサインは，描画を取り入れた診療がマンネリ化して惰性で続いているようなときに見られることが多く，セラピストは診療にメリハリをつけたり，別の要素を取り入れることを考え始めたほうが良いだろう。④は，セラピストの側に子どもをリラックスさせる手段が欠けている可能性もあるし，子どもの方がお絵描きをあまり好きでない可能性もある。⑤と⑥では，描画が子どもにとっ

て閉じた世界で行われており，その世界にいかに踏み入るか，がセラピストの課題になる。たとえば前述したように，描かれたものを美術作品としてあつかい，描き上げるたびに一枚ずつ壁に貼るような遊びを入れていけば，描くことがおのずとクライエントとセラピストとの間で起こることになる。子どもの「ノリ」も変わってくるにちがいない。

　このように絵画療法をするか，しないか，の他に，絵画療法というものをどこまで広げて解釈し，柔軟性をもって行うかの判断と臨機応変のアドリブが，現実の臨床場面では要求されてくる。

4．子どもに合わせた応用と展開

　次に，ひとつのケースの流れを追いながら，描画の具体的な応用と展開を治療者患者関係を中心にみていってみよう。

1．子どもの描き始め

　Fは小学2年生の女の子である。3歳年上の兄は勉強もでき親の言うことをよくきく優等生だが，妹のFはマイペースで，勉強でも部屋の片づけでも，自分の思ったときに思ったようにやる。親が途中で口を出しても，まず言うことはきかない子だった。2年生の2学期，自宅の増築が完了し，父方の祖父母との同居が始まった。祖母は世話焼きで何かと孫の生活に口を出したがる。Fとは当然うまくいかず，祖母はFを「素直でない子」と言い，Fは祖母の小言を黙殺して逃げてしまう状態が続いた。3学期に入って，Fが子ども部屋でパンツに手を突っ込んで自分の性器を触っているのを，祖母が発見。「子どものくせにあんなことをしているとは，親はどういうしつけをしている？」と大騒ぎをし，祖母がFの両親を責める事態となる。母親はFを叱るも，本人はどこ吹く風の様子である。そのうちFが暖房器の角に性器をこすりつけているのを母も発見。兄も，Fがテレビを見ながらジーパンに手を入れるのを発見して報告するにいたり，祖母が「精神的な病気」ではないか，と言い出した。「ほうっておけばいい」と言っていた父親も，ついには祖母に説得され，Fは児童精神科外来に受診させられることになったのである。

　診察室に入ってきたときのFはあっけらかんとした明るさをもった元気な女の子

で，付添の母の暗く憂うつな面持ちと，Ｆの屈託のなさは好対照をなしていた。
セ：何で，今日はここに来たんだっけ？
子：知らない
母：わかってるでしょ！！
子：うーん。えーとね。変なことするから
セ：変なことって？
子：うんとね。触っちゃいけないんだってさ！
母：この子ったら，もう。ちっとも悪いことしてるって意識がないです!?……
セ：わ，悪いことって，お母さん。泥棒をしたり，人殺しをしたりしたわけじゃないんでしょう？
子：（けたけた笑う）……
母：それはそうなんですけど，……とっても見苦しいんですよ。パンツの中に手を突っ込んで顔を真っ赤にしているのを見たら，私卒倒しそうになりました。おばあちゃんにもいろいろ言われるし……
子：平気だもん。クソババア！……
母：こらっ！　……あれは女の子のすることじゃないわ?!
セ：まあ，まあ。お母さん……
子：あ！！　お母さん！　サインペンセットがあるよ！　……ねえ，描いていい？
セ：あ，いいよ。スケッチブックは棚の上にあるから
母：Ｆちゃん。先生とお話はしないの?!
子：しなあい。……オコジョさんを描くう！……
母：……（深いため息と失意の表情）

　絵画療法はこのように唐突に始まることがある。突然，ブロックとブロックがカチーン！　とはまってしまうように子どもが診察室で絵を描くことにフィットしてしまうのだ。だが，子どもにそのまま惰性で自由画を続けさせるなら，Ａセラピストだろうが Ｂ セラピストだろうが誰がついても同じことである。Ａセラピストと Ｂ セラピストの違いが出てくるのは，始まった描画にそのセラピストがどう参加するかという点で，である。

　Ｆはアニメの「オコジョさん」を描き出す。ガクランを着て，白いはち巻きを巻いているゆがんでいるが勢いのあるオコジョさんの絵である。セラピストは〈どれどれ，何を描いているのかな〉とつぶやきながらＦのしゃがみ込んで描いている方向へ近

づく。
子：やっだよおー！　見せないもーん（少し体をひねってスケッチブックを隠すふりをするが顔は笑っている）
セ：おおっ！　オコジョさんではないかっ！
子：(けたけた笑う)へーんだあ！　大人のくせに，オコジョさんではないかっだって！
セ：オコジョさんでしょ？
子：ブップウーッ!!　……はずれでえす。これはちがうの?!
セ：どうして？
子：このオコジョさんには足りないものがあります。問題！　それは何でしょう？
セ：うーん。難しいな。オコジョさんに足りないもの……
子：簡単だよー！　……ヒントは頭です！
セ：うーんと……そうだ！　オコジョさんは帽子をかぶっているんだ！
子：えーっ!?　違うよー！
セ：それじゃあ，リボンをつけている？
子：ブップウーッ！　よく見て下さあい！　ヒントは緑色でえす！
セ：芋虫がのっているのかな？
子：そんなわけないじゃーん!?（ひっくりかえって大笑いする）葉っぱだよー!!　葉っぱがのってるんじゃん！　チュウイリョクが足りませんねー！
母：(遠くではらはらしながら)こらっ！　先生にそんな口のききかたしちゃいけません！
子：(母を黙殺)今度はさあー，ハム太郎描いたげるよ
セ：ハム？　ハム太郎？
子：食べるハムじゃありませーんよー!!（テーマソングをハミングしながら楽しそうにまた描き始める）

最初のお絵描きは
①楽しさを感じられること
②子どもからたくさんの自発的な発言や発声があること
が好ましい。セラピストは直接，絵の説明を求めるより，子どもから説明したくなる状況を作る努力をしていけたらいい。そのような1回目のお絵描きの経験は，子どもの側に自分が主役として動けるという実感を抱かせる。何をしたいかしたくないかの意思表示をどんどんしてもかまわない場として治療場面を意識できることは，治療の第一段階でまず大切なことである。

2. 絵が療法になる

　　最初のお絵描きから2週間して，Fがまた診察室にやって来た。
　子：こんちわー!!　またきたよー!!
　セ：こんにちわ
　　Fは，だだっと部屋に走り込んできてセラピストの顔を見ようともせず，画材のある棚の方向へ駆け寄っていった。
　子：お絵描き，お絵描き……（鼻歌を歌いつつサインペンセットを取り出す）今日はドラえもんを描きまーす!?
　　棚の前の床にころっと横たわり，Fはスケッチブックに描き始めた。
　セ：残念……こっちからだと何描いてるか見えないなあ
　子：先生，こっちくればいいじゃん。Fの描いてるのよっく見えるよ
　セ：今日は腰が痛いの。動くのが大変。ああ，ああ，Fちゃんが何描いてるか見えないよう
　子：うーん。しょうがないなあ。そっち行ってやるか（よっこらしょとスケッチブックをもって立ち上がり，感謝しろよという顔をしてセラピストの傍らまでやって来て，また寝転がってスケッチブックに描き始める）
　セ：よく見えるよ
　子：（ドラえもんの顔を描きながら）当たり前でショ……。サービスでシュよ

　2回目以降の診察室でのやり取りは，どこまで勝手が許されるか試そうとする子どもと，お絵描きを療法として成立させるための枠付けをしようとするセラピストとの駆け引きの場になることが多い。情動的なものの開放にばかりに目が向いてしまうと，この治療としての枠付けをうまくできないことがある。絵を描くというお遊びが暴走し，制御不能の行動が診察室やプレイルームでの器物損壊につながったり，本来の診療時間の約束が著しく超過し，セラピストを疲弊させ，治療目標を見失わせていく可能性もある。双方にとって安全に発散させるためにセラピストは遊びながら些細なことからでも子どもから妥協を引き出し，行動を変更させ，絶えず誰かと一緒にそのプレイ空間にいることを意識させなくてはならないだろう。遊びの中でのセラピストの「無知」や「情けなさ」「おとぼけ」は，比較的気持ち良く子どもから妥協を引き出すことができる。子どもは主役だが，わき役の面倒をみなけれ

ばいけないときもあるというわけなのである。

　Fは普通の，水色のドラえもんを1つ描いたあと，今度は黄色いドラえもん，赤いドラえもんを描き始める。
セ：いろんな色があるんだなあ
子：えっとね。えっとね。こんなのもあるんだよ（と，茶色いドラえもんを描き加える）
セ：おおっーー！
子：こんなのもある！（白黒の水玉模様のドラえもんを描く，さらにその上に他の色を塗り重ね，こげ茶色のかたまりにして）……えっとね。えっとね。うんこ色！！！！
セ：おおっーー!!
子：うんこ色だよー。先生，これうんこ色?!（けたけた笑う）においかいでみる？
セ：（顔を寄せて）うわあっ!!　臭い!!
子：うそだよー!!
セ：臭いけどうんこは大事だよ。出ないとお腹が一杯になって，次のご飯が食べられない
子：Fは今日もうんこ一杯出たよ
セ：どれくらい？
子：えーっと，こっれくらい!!（手を一杯に広げる）一杯したらよく手をあらわなきゃいけないんだよ
セ：ちょっと手を洗うんじゃだめ？
子：だめだめ。お尻は汚いの。お股も汚いの
セ：汚いかなあ？
子：だから，あんまり触っちゃいけないんだってさ
セ：ほーっ
子：触るとママとババにおこられちゃうんだぞ
セ：おおっ，時々触っちゃうの？
子：うん。カイイ気がするのかな……
セ：ほーっ。カイイ？
子：あ，でもカイくないかも……（ドラえもんが下腹部に手をやっている絵を描き始める）
セ：ドラえもんもカイイのかな？
子：うーん。いけないドラえもんです。でもお股が気になりますね

なんの前触れもなく意図せずして，本人の抱える問題と描画のテーマが急接近することが時々ある。そのような状態はセラピストを誘惑する。そのテーマにもっと踏み込み子どもの気持ちを推し量りたい，〈それはどういうこと？〉〈どういう意味？〉〈どうしてそうなるの？〉といった言葉がセラピストの喉元までおし上がってくるのがこのようなときである。

描画には「心理検査」としての機能と，プレイセラピー（遊戯療法）に近い領域の「心理療法」としての機能がある。先の誘惑で，描画のこの検査としての機能を使いたい衝動をセラピストは感じるのである。

このような衝動は，検査することで何かが手に入るのではないかとする期待から生まれてくる。その何かの予感がどこから出てくるかというと，それはしばしばセラピスト側の治療仮説（すなわち疾病解釈，問題解釈）を背景にしているのである。治療仮説とはたとえば次のようなものである。

①この子どもの問題は○○に起因して起こっている可能性がある
②○○の問題がある場合，その子どもに必要な課題は××である
③××を達成するために周囲のできる援助は△△である
④よって○○についての情報が得られれば△△をする根拠が得られる

セラピストは大概，この仮説に基づいて動く。声がけをする。プレイセラピーの中の言動が治療的でありうるのは，それが曖昧だが特定の方向にある治療目標を志向しているからである。例にあげたFの習癖も，教科書的には，

①祖母の乱入による家族関係のヒエラルキーの混乱
②母と祖母の嫁姑関係
③きょうだい葛藤
④本人の認知発達のアンバランス

などの観点から，問題の誕生と解決についての解釈が成立する。ただ「解釈」という言葉はその背後に「たくさんの中のひとつの可能性」というニュアンスもっていることを忘れてはいけないだろう。仮説は常に複数ありうる。そして実際にクライエントとやり取りし，アンバランスや不安定さに触れていき，解釈と仮説をこまめに変更していく作業がセラピーということになる。もし，一つの仮説にだけあまりに断定的であると，治療が，強要や矯正や厳

格な検査にすり替わってしまう事も考えられる。だから，仮説を裏付ける絵を求める気持ちからは，セラピストは程よい距離をとり，子どもから絵を描く楽しさ，主体的に動く楽しさを奪わないようにすべきである。簡潔に言えば，「核心に触れたな」と感じたときは深追いせず，さらりと流しながら形勢をうかがうのがいいということである。

   Fはご機嫌で，次に下腹部に手をやっているオコジョさんを描く。
  子：はーい，これはいけない子のオコジョさんです
  セ：ほうっ……
  子：それからね。うんとね……（こちらの反応をちらちらうかがいつつ，またもう1
   枚描く）今度は……お股を触ってるピカチュウ!!!
  セ：おおっ！　それは珍しい!!
  子：（けたけた笑う）
  セ：珍しいので，先生にくれませんかね？
  子：ええーっ??（また笑う）……先生，ヘンタイですかあ?!
  セ：ください。ください
  子：うーん。しょうがないなあ……（しぶしぶのような態度でピカチュウの描かれた
   画用紙をセラピストに手渡す。しかし顔は結構嬉しそうである）
  セ：おおーっ，ありがとう！　……ええと，すいませんが裏側にFちゃんのサイン
   をしてくれませんか？　この絵は大事にしようと思います……
  子：やれやれ……（やはり顔は嬉しそうにして画用紙の裏側に大きな字で名前を描い
   てくれる）……はい!!　……あげます
  セ：ありがとう！　サイン付きのお股を触るピカチュウですね。とても嬉しいです
  子：欲しかったらまた描いてあげますよ
  セ：今度はお股を触るアンパンマンが欲しいんですが……
  子：お股はもう描かないの。他のにします
  セ：先生はお股が好きなので……ちょっとがっかりですが……普通のアンパンマンで
   もいいです
  子：お股が好きだとヘンタイになっちゃいますよ。気をつけて下さい
  セ：わかりました気をつけます

　子どもが描いたものが，ある種の葛藤をはらんだ内容であるようにみえるとき，そのような描画行為に対してセラピストがとれる態度は，

① 「悪ふざけ」にしてしまう
② 「深刻」に扱う
③ 「楽しんでしまう」

などといったものがある。どんな態度が適切であるかはケースバイケースである。セラピストの受け入れ方が的外れだと，かえって子どもの誇りを傷つけることもあると心に留めておこう。試しにその絵を〈欲しいから，くれないか？〉と，言ってみるのはいいかもしれない。絵を子どもがどのように扱うかは，描かれたテーマが子どもと家族の間で普段どのように扱われてきたかを反映している場合が多いので興味深い反応がみられるのである。子どもの絵をもらうという行為は，その作品の象徴たるものを肯定的に受け入れることになり，子どもの自己評価に良い影響を与える可能性もある。子どもによっては，出来上がった絵を跡形もなく破壊し粉砕することによって一連の描画行動をおしまいにする者もいる。セラピストも参加し作品を粉々にする手伝いを申し出てもいい。セラピストは破壊行為の責任の一端を負うこともできるし，一緒にやることで子どもの興奮を制御したり調節したりすることもできる。さらに子どもによっては自分が絵を描いたスケッチブックを次回のプレイのときまで，誰にも触られたくない隠しておきたいと望む者もいる。そういう子がスケッチブックを診察室のどこかに隠したがったら，好きなようにさせてあげるのもいいだろう。作品は，子どもの抱える秘密の問題の象徴であると同時に，セラピストと子どもの充実した楽しい時間の象徴でもある。スケッチブックを隠すという行為は「秘密をつくる」ということでもあり，「楽しい時」をとどめようとする努力でもある。セラピストとの時間が日常生活の中で特殊な位置づけをもっており，安易に誰かが乱入してはならず，そんなことがあれば容易に泡と消えるようなものであることを子どもは十分に承知しているのである。隠されたスケッチブックは次のその子の来院を待たずして誰か他の子に発見されて使われてしまうこともあるだろう。別のセラピストが棚に戻してしまうこともあるかもしれない。それはそれで仕方ないのである。子どもには望んだことをためしてみる権利はあるが，望んだ結果を確実に得る権利はない。それは家でも，砂場でも，教室でも，診察

室でも，程度の差こそあれ皆が経験する社会的，現実的な体験である。とはいえ，大抵の子どもはスケッチブックを隠させてもらえることで，まずは十分満足する。

3. 最後に：絵画療法を評価する

　何回かの描画を中心とした介入を経た後，子どもの問題行動がおさまってくることがある。これは自然鎮火なのか，それとも消火活動（？）が功を奏したものか。絵画療法を中心にやってきたセラピストにとっては，ここで，療法の有効性を主張するための経過解釈をしたくなるのは当然の展開ではある。すなわち作品を羅列して，本人の代わりに心の変化を紙芝居のように語りたくなるというわけである。しかし本当に絵を描いたことが治療だったのだろうか？　確かに描画にはさまざまな効用がある。しかし「絵を描かせてよくなった」では「南無阿弥陀仏で極楽浄土へ行ける」と同じようなもので，療法の効果の裏付けとする発想では到底ない。絵画をどのように使ったかのセラピストの裁量の部分がむしろ療法の核であるはずだ。セラピストの裁量を評価するうえで検討の対象となるのは次のようなところだろう。
　①子どもとの相互交流の変遷はどのようなものだったか
　②その交流の中で描画がどのようになされたか
　③あるいはどのように中断されたか
　④そして描かれたものが両者の間でどのように扱われたか
　⑤最後に，描画療法をやる前とやった後の日常行動の変化はどうか
　　1) 子どもができるようになったことは何か
　　2) 子どもができなくなったことは何か
　上記のような点が評価や反省の対象となる。
　ただ，子どもの（特に神経症圏の）問題行動をターゲットとする場合，先に治療プランのところで述べたが，問題行動がその子を取り囲む大人組織の中のひずみに支えられ持続していることが多いことを忘れるべきではないだろう。これは，ある行動を巡り両親，祖父母らが緊張をはらんだやり取りをすることを習慣としており，その周囲の反応がまた子どもの問題行動を強化

しているような構造が成り立っている場合があるということをいっているのである。セラピストが問題行動の根絶を考えるならば，注目すべきは行動発生の原因よりも，この，行動発生後にそれを扱ってきた大人たちの（心情は適切でも方法を少し間違った）対応の癖である。そういう意味では，描画内容から原因を探るよりも，描画行為や描画作品を巡るやり取り遊びから，問題テーマを家族が行った以外のさまざまな扱い方で扱ってみせてやるような，未来志向の描画利用，などといったものもどんどんやっていく価値があると思われ，アクティブで探求心のあるセラピストのかたがたに，ここで新たに提案しておきたいのである。

第2章　非行少年と風景構成法

藤川　洋子

はじめに

　芸術療法をどのように実践しているのか，それを，非行少年（少女を含む。以下同じ）を調査分析し，処遇を選択するという少年司法の臨床現場から論じる，というのが筆者に与えられたテーマである。

　家庭裁判所では，非行少年の人格を解明するために，調査の過程でさまざまな心理テストを用いるが，描画法は少年たちの心象風景を如実に物語ることが多い，という臨床経験により，広く活発に用いられている。

　筆者は，数ある描画法のうち，風景構成法を用いることが多い。中井久夫によって創案された当初は，統合失調症患者を対象としていた風景構成法は，その後発展を遂げてさまざまな臨床分野で用いられ，家庭裁判所，少年鑑別所でもよく利用されている。

　本稿では，なぜ非行少年にこの技法を用いるか，を筆者なりに整理して論じ，風景構成法の実践例を報告したい。

1. なぜ，風景構成法を用いるか

1. 対象者としての非行少年

　「非行少年」のイメージは，人によって多少異なるかも知れないが，「社会規範に反する行為を，ある程度反復的，継続的に行う若者」といったところ

であろう。日本における「犯罪」や「非行」は，主に刑事政策，あるいは社会学の領域で研究されてきたが，近年では，「問題行動の精神医学化」[1]の流れもあって，「行為障害（DSM-Ⅳ）」との診断のもと，精神医学，心理学の分野でもしばしば論じられるようになってきた。

　石川義博（2001）は，行為障害者の特徴を次のようにまとめている[2]。「彼らは，第1に人生早期から親に無視され，拒否され，見捨てられたと感じ，親や大人や社会に対し根深い恨みや不信感，憎しみや敵意を抱いていることが多い。第2に，彼らは罪悪感が乏しく，他に対する攻撃性が極めて強く，親や社会を反抗や攻撃の対象とする。第3に，情緒的には極めて未成熟で不安定な状況にあり，ストレスに対する耐性は弱く，暴力的，破壊的な『行動化（acting out）』を起こしやすい。第4に，身体的，性的には早熟であるが，心身のアンバランスが強く，依存心と自立心との間を激しく揺れ，『自我同一性』の確立に大きな問題を抱えている」。

　さらに石川は，「このような精神病理を持つ彼らは，自らの行為を深く悩んだり，不安を抱いたりしない。自らの欲望を満たすために衝動的，攻撃的に行動する。自己中心的で反社会的であると同時に，自己破壊的である。すべては大人が悪い，社会が悪いと決めつけ，責任を他に転嫁する。要するに，自分の中にも問題があるとの認識，つまり『病識』を持たないがゆえに，大人に治療や援助を求める動機付けに欠けている。彼らとは治療的な関係を創ることさえ，極めて困難である」[2]と述べている。

　しかし，筆者の近年の実務感覚からすると前述の記載はやや辛口に過ぎる感がする。「辛口」が不適切であるならば，買いかぶりとでもいうべきか。学校間紛争や暴走族同士の大規模抗争事件がほとんどみられなくなった1990年代から，非行少年も全体としてみればすっかり弱小化した。非行を「確信犯」的に繰り返すものは稀であって，多くは「してはいけないことは分かっているのだけれど」「つい，見つからなければいいと思って」，敢行に至っており，彼ら自身の口から「大人が悪い」「社会が悪い」という言葉を聞くことは滅多にない。彼らの多くは確かに自己中心的であるけれど，中心にあるべき「自己」そのものが弱々しく，まとまりを欠いている。そのこと

は，彼らの大半が自分について，「意思が弱い」と表現することでもよく分かる。

言い換えると，まだ社会を敵に回すような自我が育っていないばかりか，社会が何たるか，他人は何たるかが分かっていない。幼児的な万能感が温存されたままであって，その姿が周囲には，自己中心的，攻撃的，他罰的と映るだけなのである。したがって，非行少年との面接は，考え方の変容を迫るようないわば「洗脳」風のものではなく，発達を促すという教育的なものにならざるを得ないのである。

では，「発達を促す」にはどのような環境や条件が望ましいか。被虐待児の療育や，PTSD（外傷後ストレス障害）の治療の際によくいわれることであるが，安全感を与え，まず二者関係を成立させることから始めなくてはならない。そうしてできた信頼関係を土台に，"表現"を保証することが重要である。

そのように考えていくと，当初統合失調症者を対象に創案されたという風景構成法が，人格基盤が脆弱で，「病識に乏しい」とされる非行少年たちに，よく適合する手法であることが分かる。

2. 司法領域における研究の概観

ここでは，家庭裁判所調査官研修所に報告された研究を紹介しておこう。

奈良家庭裁判所に所属する調査官が行った研究[3]によると，一般の高校生と非行少年との比較研究では次のような特徴が見出されている。

まず「川」では，一般的によく出現する右上から左下の配置が，非行少年では一般高校生に比べて有意に少なく，その分，川が上から下に向けて配置されたり（いわゆる川が立った形），此岸のない川であったり，あるいは構成放棄（羅列）されて，画面の一部分に「川」がちょこんと存在するというようなことが起こる。「山」では，独立峰（「山」の教示で，1つだけ描く）が有意に多く出現し，「道」では，途切れる「道」，舗装道路，彩色されない「道」が一般少年よりも出やすい。また，彩色面積の少ない（2分の1以下）絵が出やすい。そうした結果，風景の完成度は一般少年より，有意に低

い。

　次に，統合型 HTP 法に関する研究報告も，参考になるように思われるので，ここに挙げておきたい（東京家庭裁判所の調査官による研究[4]）。ただし，皆藤章（1994）が，HTP の解釈法をそのまま風景構成法にあてはめることはできない[5]と述べているように，アイテムの多い風景構成法では，HTP つまり「家」「木」「人」は「中景群」として，「川」「山」「田」という大景群のあとに出てくるので，それぞれが小さく，数多くなりがちであり，「家」は 3 次元にならず，「人」はスティック状に描かれることが多くなる。そうした点に留意しつつ統合型 HTP 法についての研究結果を紹介すると，以下のようになる。

　男子非行少年と男子高校生の比較で，非行少年にみられた特徴は，全体性では，「遠近感が少ない」「とぎれのない一本線が多い」「課題以外の付加物を描かない」「地面を描かない」点に有意差が出ており，「人」では，「大きい（家，木に比して）」「正面向き」「頭の大きな人（四頭身以上）」に，「家」では，「1 軒だけ」「大きい」「壁が 1 面だけ」「縦長」「用紙の下端から描く」に，「木」では，「1 本だけ」「輪郭のみの幹」「用紙の下端から描く」「枝がない」に有意差が出ている。つまり，アイテムが「一本線で大きく描かれ，使用画面も広いが，平面的で詳細さを欠く。また付加物のないものが多く，統合性，遠近感が乏しい」ということになる。

3. 評価の際の留意点

　風景構成法と統合型 HTP 法を実施して得られたこれらの特徴（一般少年との違い）をみるとき，標準よりもやや劣る知能（非行少年の平均 IQ は 85 から 90 ぐらい）を考慮に入れる必要があるが，その点を含めて，「非行少年の描画の特徴」とみてよいのではないかと考える（有意差は，χ^2 検定 0.1％から 1％水準）。

　これに関連して筆者は，社会的には非行少年の対極にあるようにみられる人びとの風景構成法はどのようであるかに興味をもち，司法修習生（司法試験に合格し，裁判官，弁護士などになるため研修を受けている者）3 グループ，

計110人ほどに施行（ただし線描のみ）したことがある。非行少年とは平均年齢が10歳近く違う他，集団での実施であったが，修習生の作品を統合性から評価したところ，その3割に，川の処理の失敗や，アイテム相互の関連性の乏しさ，大きさの不整合，余白が大きすぎる，枠の無視（はみ出し），といった問題がみられた。遠近感のある風景らしい作品は4割にとどまり，そのうち写実性のある統合度の高い作品は全体の1割を占めるに過ぎなかった。

中井久夫（私信）によっても，「ウォルターという研究者が職業人を対象に行った実験で，たとえば『家』という立体をイメージさせるとき，1割は見事に写実的な家をイメージすることができるが，1割は面がばらばらで立体にならない，8割はまぁ普通，ということをいっている」とのことであるが，司法修習生の絵が，必ずしも非行少年に比して格段に統合性に優れているわけではないという事実からは，「絵」から社会的な能力を判断することの危険性が導き出される。それはまた，統合性の低い絵を描いたことを，再非行予測や社会不適応に安直に結びつけることに対する警鐘でもある。

このような事実を踏まえてみると，非行少年の風景構成法作品について，単に構成の特徴を指摘し，診断につなげる（それは，ネガティブな評価になりがちである）だけの用い方にはあまり意味がないことに気づかされる。

「川の処理に失敗している」「橋が架かっていない」……だからこの人には問題があるとするのではなく，「橋が架かるといいね」と，期待をかけつつ観察する，それこそがサリヴァン（Sullivan, H. S., 1953）のいう「関与しながらの観察」[6]なのであろう。1枚の絵から感じ取れることは多くても，診断に結びつけることには慎重でありたいと思う。

4. 風景構成法の利点

非行少年は具体的な犯罪事実（もしくは虞犯事実）を端緒に家庭裁判所で面接を受けるわけであるから，緊張の度合いは高く，防衛も働く。面接の多くの部分が保護者と同席であって，やりとりはぎこちないものになりがちである。それだけに描画をきっかけにして，「取り調べ」のような雰囲気が

「面接」というマイルドなものに転化することは，実務でよく経験されることである。

また，家庭裁判所では，「試験観察」という決定のもと，一定期間，少年，あるいは保護者に治療的な面接を継続的に施すことがある。その場合は，描画法や箱庭療法などを面接に併用すると，とかく単調になりがちな面接にアクセントがつく。そして内省力のある少年の場合は特に，面接を受ける意欲が増して精神面の成長が促され，それに並行して生活態度が安定するということがしばしば起こる。

それではなぜ風景構成法か，であるが，非行少年の多くは，ものごとにじっくり取り組むことが苦手である。そのため，平均15分程度（筆者）という施行時間が，彼らの緊張の持続時間からいってちょうどよい。短すぎると，彼らを観察するのには不十分であり，長すぎると，途中からやる気を失ってしまう者が出てくる。サインペンの使用は，「深く考えず，ためらわず，行動化する」非行少年との相性がよく，TAT（絵画統覚検査）やロールシャッハテストのように言語を介する部分が大きくないので，言語表現力が乏しくても，そのことによって結果が左右されにくい。また，アイテムを一気に示すのではなくて，ひとつ，ひとつ提示していくという手法であるため，少年と面接者の間に，言語的，非言語的相互交流が起こる。

「えっ？　川？　どんな風に描くの？」。

〈あなたの思ったとおりでいいですよ〉。

少年の描きぶりを見ながら，次のアイテムを提示していく。描き終えてもじっと目を画用紙に落としたままの者，次は？　と顔を上げて促す者，と表情はさまざまである。

〈次は，ハナね。（きょとんとしていたら）花，フラワーよ〉。

アイテム（言葉）を渡し，少年がそれを受け取って絵にしていく。どのような絵が出来上がるか，面接者側は期待をこめて待つ。

〈私が言うのはこれだけです。あと，付け加えたいものがあれば付け加えて，風景を完成させてください〉。

そこで，もうたくさんだといわんばかりにペンを置いてしまう少年もあれ

ば，一生懸命考えて何かを付け加える少年もいる。後者のほうが，面接がよい方向に展開しやすく，予後もよいようである。おそらく，面接に対する積極性やある種の感性がそのようなところに出るのであろう。

　線描が終われば，クレヨンで彩色を施してもらうが，画面に配した枠付けが額縁の効果をもち，完成した作品は見栄えがよい（非行少年にとって，「見栄えがする」というファクターは大変重要であるらしく，施行後，数カ月経っても，風景構成法は彼らによく記憶されている）。

　筆者にとって風景構成法が特に優れていると感じられるのは，描き上げられた作品が媒体となって自然な会話が弾みやすく，その過程で少年にポジティブな評価や将来に対する示唆を与えやすい点である。

　たとえば，非行少年に対する描画としては，「家族画」もよく用いられる。非行少年の場合，親も非行者であるといった特殊な場合を除けば，程度に差はあれ，親，きょうだいとの軋轢を抱えている。そうした少年の在りようが家族画に如実に描きだされ，身につまされることも少なくない。例をあげよう。「食卓にぽつんと少年が腰掛け，その少年に背を向けて寝転がってテレビを見る父親，その画面のどこにもいない母親」という絵を少年が描いたとする。少年の日常生活そのままを表現したこの絵を前に，面接者の発するどのような言葉が意味をもつのだろうか。また，「生別した親も含め，家族全員が手をつないで並んで立っている」絵が描かれることもある。少年ひとりの力では実現不可能な「夢」が，このような形でつきつけられたとき，面接者は動揺するのが普通である。その結果，取りあえず当たり障りのない反応を示すことになるが，この際の当たり障りのない反応は，「なんだ，面接者も同じか」という失望を呼び，それまで築いてきた面接関係をぶちこわしにする危険性をはらんでいる。つまり，その作品が，少年の日常に密着した直接的なものであればあるほど，治療的な意味合いで利用できるものは少なく，それでいて面接者側の心理的負担感は大きい。描いて当たり前のことを描いてもらっても，面接者側のレスポンスは「当たり前」の域からなかなか出られず，心理的・教育的な意味をもった面接には繋がりにくいのである。

　それに対して風景構成法はどうであろう。中井（1992）はバリント（Balint,

M.)を引いて、ロールシャッハテストが、「過去の傷痕の集大成」であるのに対し、風景構成法は「スキル」によって「対象」を利用あるいは回避しつつ「空間」を手なずける（tame）方法であって、優れて未来指向的である、と述べている[7]。前述したように非行少年の多くは、家族との葛藤を抱えたり、あるいは「傷痕」の多い幼少期を送っており、過去にさかのぼって考えることを回避しがちなのであるが、未来に対しては、漠然と楽観していることが多い。

　社会経験が乏しく、誤った文脈に沿って行動しがちな彼らに、視野を広げさせ、文脈の多岐性を感じさせるためには、過去を掘り起こす投影的な作業よりも、無から有を生み出させる構成法が向いている（ここでいう構成法に投影的な側面がないわけではないが）。さらには風景構成法がもつ「ほどほどの自由度」と「自然（がテーマであること）」が、緊張を和らげる効果をもたらすので、テーマとしても作業量としても非行少年に適しているように思われるのである。

　また、提示するアイテムが毎回同じであるため、箱庭療法や自由画のような展開は起こらないとしても、同一であるがゆえに比較が容易である。

　筆者は、面接や処遇の効果を測る指標の一つとして利用するだけではなく、最近では「見比べ効果」を狙って、少年と保護者の双方にこの風景構成法を施行することがしばしばある。

　次節では、筆者がどのように利用しているか、具体例を挙げてみよう。

2. 実践の例

1. アセスメントとして

　前節で、非行少年の描画の特徴を挙げたが、ひとつの絵がそうした特徴を数多く備えているからといって、それが重篤な非行性を意味するわけではないことはいうまでもない。人格診断の根拠として使うことには慎重に、と述べたことと矛盾するようであるが、1枚の作品が障害や精神病を強く示唆することはある。生活状況の詳細な聴き取りと併せて、人格理解が確実なもの

となり，適切な処遇選択が可能になるといえる．

事例1：アイテム羅列の作品（窃盗　17歳男子　無職）

理解力が不十分にみえる少年に対しては，「全体が風景になるように」という教示を丁寧に行

図1

うが，それでも構成ができない少年がいる．本事例では併せて知能テスト（WAIS-R）を施行したところ，知的障害（軽度精神遅滞）があった．小学校低学年から勉強についていけず，小学校の高学年時に病弱児を対象にした施設を紹介されて，2年間入所した（偏食が理由とされ，親は知的障害を認識していない）．中学校の普通学級に復帰したが，ついていけず，中1以降，不登校のまま卒業．15歳ごろから盛り場を徘徊するようになり，漫画などを本屋から盗み，古雑誌屋に売って小遣い銭を得ていた．図1が少年の描いた風景構成法作品である．画面右下に「川」，左上に「山」，川のそばに小さな「田」を描き，続くアイテムも相互の関係をほとんど考慮することなく，ぽつんぽつんと描き入れた．「道」にはセンターラインがあり，「動物」はサメである．統合はできないものの一生懸命に描いていた．

事例2：非整合キメラ的な作品（建造物侵入　19歳男子　浪人中）

不安，対人恐怖，強迫観念，抑うつ気分を訴え，幻聴とそれに伴う独語や空笑がみられる少年である．出身校に侵入し，落書き，器物破損，脅迫を繰り返したが，逮捕以来，「やったのは自分ではない」と一貫して否認した．証拠からは少年の行為であることが明白であるが，矯正教育より医療措置が優先されるべきは明らかであった．この事件をきっかけに統合失調症と診断された．図2は，「頭がまとまらない．話しているとつらい．絵は好きだ」

と述べたことから施行した風景構成法である。中央に遠近感のある「川」を描き，続けてその川の中に，はるか上空から見た同じ「川」を描き入れた。「田」「家」「木」も同様（180°近く回転した形）。「花」はコチョウラン，「動物」は黒猫である。細部にまで気を配り一心不乱という感じで描き上げた。

図2

2. 変化を知る

　思春期ごろの少年は，身体も心も短期間に大きく変化する。それゆえ，非行性の度合いを知るために複数回の面接が必要な事例は少なくない。また，非行によっては試験観察という中間処分に付し，問題性に応じた働きかけをすることがある。こうした働きかけの効果をみるために，つまり少年の変化を時系列でみるために風景構成法を用いた例を挙げる。

　事例3：親子合宿の出発前と合宿先の変化（窃盗　15歳男子　中学生）
　家庭裁判所によって，「保護的措置」はさまざまに工夫されているが，関西のある庁では少年と保護者を一緒に5組ほどの規模で野外活動に連れ出し，綿密なカリキュラムを組んで，親子関係の修復に向けて働きかけている。
　本事例の少年は，実父と継母の不和から心情不安定になり，怠学，家出，不良交遊，バイク窃盗を繰り返していた。知的には限界級で落ち着きがないが，人懐っこく，手先が器用であった。少年鑑別所では「押しつぶされそうな感じ」と不眠を訴えた。試験観察決定のもと，自宅に帰り，月に2回の頻度で面接した。図3は，試験観察の開始時に描いたもので，「川（護岸された用水路様の川だが，画面中央で両端が切れている）」，「山」の時点では到

底風景になりそうもなかったが，「田」以下でいくらかもち直した。しかし，空白部分が大きく，「途切れ」の目立つ作品である。

　ところが，その3カ月後，父親とともに参加した合宿先で，他の参加少年とともに描いたのは図4である。画面中央に流れる「川」，稲穂が実り，収穫する人，あるいは釣りをし，追いかけっこする少年たち。飛び交うトンボに蝶，尾を振る犬と「動物」たちも元気がいい。画面右上の藁葺きの「家」の入り口は大きく開かれ，家の前には橋が架けられて此岸の家と行き来できる。少年はこの絵を楽しげに描き上げ，合宿後も試験観察の約束を守りきった。

図3

図4

事例4：ストーカー少年の変化（傷害　18歳男子　高校生）
　高校1年時から，女友達と性関係をもち，互いに強く束縛しあっていたが，自分の思うようにならないと激しく暴力をふるった。自宅からの高額の金銭持ち出しや家出があり，女友達から別れ話が出されると，「やり直したい」とつきまとい，逮捕されるまでやめなかった。

図5は少年鑑別所での調査時に描いたもの。いわゆる此岸のない「川」は激しく波打ち,「山」は単独峰で,舗装道路は,川で途切れる。「家」は中央に一軒だけ,「木」は半身を隠し,スティック状で裸の「人」は,画面の反対側にいるネコと同じように中空に浮かんでいる。

図5

この少年のエネルギーの高さと自己中心性が感じられる作品である。ところが,試験観察に付され,障害者の授産施設での10日間ほどのボランティア経験をはさんで1カ月後に少年が描いた絵は,図6のように変化

図6

した。「川」は前面から右下端に移り,「山」は3つに増えた。着衣の「人」は足を地に付け,「木」も全身を現している。

試験観察中,家出,浪費,ストーカー行為は,みられなかった。

3. 見比べの効果

家庭裁判所では非行少年の親子を呼び出し,非行のみならず,非行に関連する生活の細部や,家庭の成り立ちまでを聞き出す。その聞き方は,できるだけ双方にとって役に立つように,つまり聞かれる側にとっても利益がある

第2章 非行少年と風景構成法 47

ようにと心がけるのであるが,しかし,それだけでは不十分な事例も多い。2001年4月から施行されている改正少年法において,「保護者に対する措置」が明文化されたこともあって,家庭裁判所が施す保護的措置は,保護者を少年とともに視野の中央に置いたダイナミックなものになりつつある。
　その一環として筆者が工夫しているのは,質問紙法（TEG：東大式エゴグラム）と組み合わせて行う風景構成法の親子同時施行である。

　事例5：家出少女と,カウンセリングを受ける母（虞犯　15歳女子　中学生）
　少女は,中学2年時に同級生男子から性的被害を受けて転校,この時の学校や親の対応に不信感をもち,その後携帯電話の出会い系サイトを媒体に,家出をして次々に年上の男性と性関係をもった。相手は生活力のない20歳台の男ばかりで,少女が自宅から持ち出した金でホテルを泊まり歩いていた。少女からの電話をきっかけに父親が保護し,警察の事情聴取で,家出中さまざまに陵辱されたことが明かされた。家庭裁判所での調査時点では,親子で心情の安定と回復に向けて努力していた。
　父母とも高学歴であり,経済的にも安定している。長子であるため,父から男の子のように期待され,勉強をしないと体罰を加えられていた。少女は,外見も雰囲気も地味だが,早熟で小学校高学年時から胸が大きく,それを気にしていた。本件では,父が警察や学校とてきぱき交渉したが,母は精神的に追い詰められ,精神科でカウンセリングを受けている。少女は補導された後も登校を再開することができず,フリースクールに行こうかどうか迷っている。
　図7は少女の作品であり,図8は母親が描いた作品である。
　母子が並んで描きつつ,雰囲気は和やかであった。事前のTEGでは,少女の自己イメージが,「何かにつけ意欲旺盛だが行き当たりばったり」であるのに対し,母からみた少女像は,「同情心からもっぱら行動,優柔不断で受身的」というものであった。少女は,SCT（文章完成法テスト）では,「リスク」「ルール」「システム」といった抽象的な言葉を用いて学校や社会

を漠然と批判する一方で,「男の人は……怖くない」「たくさんの人がいると……怖い」と,対人不安を軸に反応する面が目立った。

果たして少女の風景構成法（図7）は,画面左下を斜めに流れる水量の多い「川」,山頂がはみ出すほど大きな「山」と,基本構成は強く大きく,ギョッとするほどの迫力で始まった。「木」に半身を隠す「人」は,手にスコップを持って,大きな「岩」がゴロゴロした高台にある「田」で働いている。険しい場所に自分がいて,安息の家（画面中央の小さな点々）は,はるかかなたにある。空は夕日に染まり,「日は暮れて道遠し」という情景であるが,遠近感があって,しっかりした「木」が,何かしら画面に安心感をもたらしている。

図7

一方の母（図8）は,知的活動性の高い人らしく,アイテムをバランスよく描き入れたが,画面中央の大きく蛇行する「川」に目を奪われる。面接の時点で,母は精神科に通っており,少女によって引き起こされる自らの情動の動きを直視しようと努力していた。橋がかかっていることや,護岸のための石積みが,母の健康さを示唆すると同時に,カウンセリングなどによって支えられていることを示しているよ

図8

うに思われる。
　少女と母は，作品を見比べて，その違いの大きさに驚いて声を上げたが，互いに相手の作品が気に入った様子であった。筆者が，（少女に向かって）〈大変なところで田んぼを作っているのね〉，〈山また山と続くのね。大きな山は，自分の課題というかテーマを表すことがあるけれど，そういう感じなのかな〉。（母に向かって）〈こちらはまた，激しい流れの川ですね。こんなに大きくうねっていて，お母さんの感情というか，思いが伝わってくるような気がします。でもこんなに立派な赤い橋が架かって，護岸工事もされているから，少しほっとされている……？〉などと返していく。少女は，微笑みながら母に向かって「たくさん，家を描いたのね。あ，こんなところに鳥がいる。お母さん，絵じょうず！」などと褒める。母も嬉しげに受けて少女の絵を見つめ，「大きな山ね。この子，スコップを持ってるの？」と自然な会話が続いた。
　こうしたやりとりの意義は大きく，少女は「家裁で，母とたくさん話ができてよかった」と感想を述べている。
　子に非行があると，親子間の会話は，叱責と反発が中心になりがちである。ところが風景構成法の作品をはさんで，「鳥」「山」「スコップ」といった，非行とは対極にあるような言葉の数々が，親子の間を行き交った。おそらく表面にあらわれた言葉の下，無意識のレベルでは，母子が共有するイメージが豊かに取り交わされたのであろう。そのことが，「たくさん話ができた」という感想に結びついたように思われた。

事例6：大麻を使った大学生と，地道に生きる父（大麻取締法違反　19歳男子　大学生）
　少年は難関大学に入学後，学業に興味を失い，不良顕示的になった。日焼けサロンで肌を焼き，パブでアルバイトをするなどして，大学にはほとんど通っていなかった。歓楽街で売人から声をかけられて大麻を購入し，数回使用後，残りを所持していたところを見つかり，逮捕された。
　父母は，「成績のよい」息子の行状には，一切干渉していなかった。また

少年の側も，地味な公務員である父親には無関心で，下宿を始めてからは自宅に寄りつかなかった。少年の逮捕は，両親にとって寝耳に水で，親としてどのように考えてよいか分からず，少年を庇う姿勢が目立った。

　図9, 10は，釈放後に，少年と父親に同時施行した風景構成法である。

　少年は，「石・岩」の教示で，画面中央下の部分に黒々と大きな「岩」を描き入れたが，全体は明るい色調で仕上げた（図9）。一方の父親は，伸びやかな筆の運びで，遠近感のある風景を情性豊かに描き上げた。左中央部分の，「山」がえぐられた部分も補修されており，構成度の高い，安定感のある絵である（図10）。

　図9と図10を比較すると，写実性や整合性，風景としての構成力の違いは，明らかである。少年は，父の作品を見て，「すごいなぁ」と驚いた表情をし，父は少年の作品を見て微笑みながら，幼稚さ，未熟さを実感した様子であった。筆者が，少年の絵を示しながら，行く手を塞ぐように陣取る「岩」や，山頂から降りる「道」があぜ道にぶつかったところで途切れている点に注目させると，少年は恥ずかしそうな表情を浮かべ，「自分の課題だと思う」と述べた。

図9

図10

まとめ

　以上，少年司法の臨床という場面で，筆者が風景構成法をどのように面接に組み込んでいるかを紹介した。
　先に挙げた，家庭裁判所調査官[3)4)]による研究でも必ず言及されていることであるが，非行少年は，一般に口が重く，表現も幼い。それゆえ，表現力不足を補うツールとしての描画の意味は高い。なかでも，"自然"を素材にしている風景構成法は，「金品欲しさ」や「虚勢」，あるいは「性欲」などを動因として，社会的に"不自然"な行動をとった彼らに，補完的という意味でもっとも欠乏していた刺激であるといってよいだろう。
　クレヨンを握って，画用紙の山を緑色に塗りこめるとき，彼らの胸のうちには山の姿がよぎる。空を塗るときには，心の中に空が広がる。
　色を塗る少年たちの表情は，彼らを野山の自然の中に連れ出したときの，伸びやかな表情には及ばないけれど，「非行事実」を読み聞かせられているときの表情とははっきりと別物である。
　つまり，筆者にとって風景構成法などの芸術療法を用いる意味は，①司法領域という緊張を強いられる場において，「（非行に関係のない）絵を描く」ことが，自由に表現することが望まれていることを感じさせ，過剰な防衛をほどき得ること，②描いた作品を共に味わい，「受け取った」というメッセージを返すことが，信頼関係を構築する足がかりになること，③発達障害や精神障害を診断する手がかりになる場合があること，④作品という媒体をおくことによって，面接者との間に起こる転移がマイルドになること，⑤時系列的にみることにより，成長や変化が感じ取れること，⑥親子で同時施行するなどのやり方によって，相互の無意識的交流を促すことができること，などである。
　しかし，こうした効果を上げるためには，面接者側の資質として，視点を自在に動かす力を備えていることが重要である。
　結語に代えて，金子みすゞの詩[8)]をひとつ挙げておこう。

『大　漁』

朝焼け小焼けだ
大漁だ
大羽鰮（いわし）の
大漁だ。

浜は祭りの
ようだけど
海のなかでは
何万の
鰮のとむらい
するだろう。

引用・参考文献
1) 滝川一廣（2002）　問題行動の精神医学化に寄せて　教育と医学　50(1):87-97
2) 石川義博（2001）　行為障害の家族療法　犯罪と非行　129:31-57
3) 岩本正男他（1995）風景構成法を通しての非行少年の理解　調研紀要　64:72-97
4) 平川義親他（1997）　統合型HTP法を通しての非行少年の理解　調研紀要　67:69-108
5) 皆藤　章（1994）　風景構成法 その基礎と実践　誠信書房
6) Sullivan, H. S.（1953）The Interpersonal Theory of Psychiatry. Norton, New York（中井久夫・宮崎隆吉・高木敬三・鑪幹八郎共訳（1990）精神医学は対人関係論である　みすず書房）
7) 中井久夫（1992）　風景構成法　精神科治療学　7(3):237-248
8) 与田準一編（1979）日本童謡集（岩波文庫）　岩波書店
9) 中井久夫（1984）　風景構成法と私　中井久夫著作集別巻1　風景構成法（山中康裕編）261-271　岩崎学術出版社

第3章 児童期・思春期・青年期心身症の治療における絵画療法

待鳥　浩司

はじめに

　心身症は今やいずれの診療科を問わず，あるいは医療機関であるか否かも問わず各種の相談機関を多く訪れている。また，かつては心身症の範疇に入らなかった疾患もストレスの関与が明らかになってきている。たとえばストレスに起因する免疫低下は感冒からがんまで影響を及ぼすのである。そのため心身医学の解説書も各方面に向けて多く出版される時代となった。
　一方，臨床心理学も幅広く認知されるに従い，心身症に対して心理療法を適用する上での理論的背景，教科書的知識がすでに多くの成書にまとめられている。絵画療法においても例外でなく，本書の前書である『芸術療法』[1]も最新の教科書の一つである。
　教科書的に，ある程度のものがそろって来ると，それを膨らませていくのは各現場での実践の積み重ねであろう。現場現場で絵画療法の使い方は千差万別であろうが，一つひとつの事象を深めていくと現場を問わず共通する何かが見えてくる。ここでは児童期から青年期に至るまでの心身症の絵画療法が主題であるが，それを筆者が経てきたさまざまな現場での体験に沿って述べてみようと思う。その現場とは小児科および心療内科・精神科である。前半の小児科は絵画療法の取り入れ方に力点を置き，後半の心療内科・精神科は事例ごとの工夫を中心にしている。そのように分けた理由であるが，小児科の特徴は誰もが一度は受診するところであり，したがって敷居も低く，数

の上でも心身症臨床の需要が最も高いところの一つである。しかし小児科医のほとんどは絵画療法について触れる機会ももちえず，基礎教育も受けていないので本当にまっさらの状態から始めなければならない。そのギャップに少しでも資する内容を書くことで若年者心身症の臨床に貢献できれば，と思う。さらに臨床心理士であれ心療内科医や精神科医であれ，まっさらの状態は誰しも通ることを思えば，彼らにとっても決して他人事ではない。また筆者が小児科で経験した子どもの絵画療法は定式的治療の枠をしばしば越えたので，その活かし方についても触れてみたい。一方，心療内科・精神科領域は臨床心理士が入ってからの歴史があり，絵画療法をはじめとする心理療法に触れる機会は多い。取り入れ方については今さら説明するまでもないだろう。一方，これらの領域の心身症は身体症状以外にも精神症状が合併していたり，経過中に精神症状に置換されていったりして，小児科で出会うケースとは違う工夫が必要である。これらは事例を交えながら述べた方が分かりやすいと思う。いずれにしても筆者の個別的経験から述べるものであるが，そこから他の現場にも応用可能なコツを取り出してみたい。

1. 心身症およびバウムテストとの出会い

筆者は現在精神科医としてクリニックに勤務しているが，医師としてのスタートは小児科医であった。通常医学部では絵画療法はおろか心理療法そのものを習わない。また小児科入局後も触れる機会はなかったので，そのような治療法があることさえ知らないまま3年目を迎えた。当時勤務していた病院はかつて炭鉱で栄えた町にあったのだが，その頃はすでに閉山となって久しく，何の産業もない町は荒みきっていた。病院に赴任した初日に受けたオリエンテーションは病院内のことではなく，迷い込んではいけない地域に関することや患者から因縁をつけられないためのノウハウなどであった。まもなく日常診療の中で不定愁訴を訴える子どもや親たちが非常に多いことに気がついたのだが，「因縁」をつけられないために念入りに検査をし，時には入院までさせて経過をみても異常の見つからない子どもが非常に多かったの

である。結局，心身症なのだろうということになるのだが，フォローはそこまでで，後は外来の対症療法で延々とつないでいくしかなかった。

　1980年代当初〜半ばの当時は，心身症の子どもに対するアプローチを解説する小児科学書は皆無に近かったし，そこから先は小児科医の仕事ではなかったのである。それでもそのようなケースに興味のあった筆者は，心療内科や思春期内科の本を拾い読みしてバウムテストというものがあるらしいことを知り，見様見真似で外来や病棟で描いてもらった。ただしそれをどう解釈してよいかは全く分からなかった。今にして思うと実が黒く塗られたり，実が落ちる表現が多かった記憶があり，描き手の個人的な背景に加えて高度成長とエネルギー転換政策など社会的な影が子どもたちの描く実に結実していたのだとも思えるが，当然治療に生かせるはずも無くそれまで同様，対症療法を繰り返すだけであった。

　考えてみるとこのことは非常に多くのことを教えてくれる。筆者は絵画療法を全く習ったことのないままバウムテストに手を出したが，そんな程度の知識では解釈などできるはずが無い。しかし講義では習っても本で読んだだけ，あるいは学生同士の簡単な実習だけで現場に出る臨床心理学の大学院生も似たような気持ちを味わうだろう。絵画はバウムテストのように単純なアイテムのものであっても実に多くの情報量を含んでいる。描き手の過去，現在，未来，内界，外界が込められており，それらが複雑に絡んでいるからである。パソコンにたとえると大容量のソフトのようなものなのだが，一方それを処理する側のCPU（演算装置），情報処理速度はそう簡単に速くならないので最初はフリーズ（立ちすくむ）するしかないのである。そのような時は自分のCPUで間に合う仕事，つまりそれまで身につけた小児科医療マニュアルでしのいだのであった。こういう時，臨床心理士ならスコア化しやすいテストを用いるだろう。いずれにしても最初はできるだけアイテムの簡単なものから入る方が入りやすいと思われるので，バウムテスト，HTP，生活空間見取り図法などを覚えるとよいと思う。それでも最初は十分戸惑うものである。読者諸氏も初めて患者あるいはクライエントに絵画療法や絵画テストを用いた時，あまりに漠然としていてどう言語化してよいのか分からな

かったのではないだろうか？　しかし一方で，その何ともいえないイメージの豊かさに心惹かれる人も多いだろう。筆者も心身症の子どもたちにこのようなアプローチがあり得るというのは非常に新鮮な体験であった。とりわけ小児科医療では物言わぬ患者（新生児など）の診断や治療で検査数値の厳密な解釈が求められるから，それに慣れていた筆者には驚きもひとしおだったのである。

2. 偶然の絵画療法

　1節に述べた体験は筆者を絵画療法自体を全く知らない段階から，見たことはあるという段階にまで引き上げてくれた。その翌年である4年目，筆者は療養所の小児科に赴任した。療養所とは気管支喘息，慢性腎不全，先天性心疾患，血友病など慢性疾患の子どもたちが就学目的で長期入院してくるところである。したがって短くて半年，長い場合は5～6年にわたって入院生活を強いられる。さらに，疾患の重症度や療養の厳密な必要性からだけではなく，家庭的な背景から病院に預けられた子も少なからずいた。また療養所は前身が結核療養所であるところが多いため概ね過疎地にある。そのため外来診療に追われることが少なく，時間をかけた治療を覚えるのに非常に適したところでもある。筆者もここで初めて絵画療法を経験した。前任地で体験した1ケースあたりに1回きりのテストではなく，絵画には流れがある，ということの体験である。あるいは絵画表現の「窓（クライエントから治療者に開かれたこころの接点や通路となるところ。多くの表現媒体がそれになりうる）」は必ずしも定型的な心理療法の場でのみ開かれるのではないこともここで経験した。それは意図したものではなく，偶然に近い産物であった。

　初めての例は頻尿を主訴とする5歳の女の子であった。この例は前著『芸術療法』[2]の中で述べているので経過は省き，状況の方を述べてみる。このケースの特徴は筆者が母親の話を聴いている間に中待合室で絵を描いていたことであった。中待合室とは次の親子が待っていて体重を量ったり体温を測ったり準備をしておくスペースである。小児科の場合，薬の量が体重によっ

て異なるので前もって量っておかねばならず，また感染症が大部分を占めるため体温も測っておかねばならない。しかし診療の進み具合によってはそこでしばらく待たされるため，絵本や玩具，お絵描きセットなどを置いて子どもたちが間をもてるようにしておくことが多い。このケースでは次の子を入れずに看護師が一対一でその子の描画を見守ってくれていたのだった。筆者はそのことを全く知らなかったのだが，治療の終結後，看護師が，「あの子がこんな絵を描いていたんですけど」と，取っておいた絵を見せてくれた。筆者もそうであったが，彼女も絵画療法の経験などなく，分析的解釈は全くできなかった。しかし絵から受ける印象が明らかにエネルギーにあふれていく様子が伝わってきたので取っておいてくれたのである。

　このケースは小児科診察室や待合室のように通常の絵画療法の場でなくても，絵画療法が展開しうることを教えてくれる。もちろん，見守るものがない状況での絵画表現には危険も伴うので精神科領域ではやらない方がいいが，外来小児科レベルで心身症を対象とする場合は，一つの「窓」にできるのではないかと思われる。もちろん，描かせればよいというものではないため，その場，あるいはあとで治療者が目を通すという形をとるべきである。筆者自身その後は小児科外来でメモ紙や画用紙，色鉛筆などを用意しておいた。小児科の場合，心身症の診察では母親の話を聴く時間が必要なので，子どもが待ちくたびれている間に描いてもらうこともある。また小児科の診察室は開放ブースであることが多く，閉鎖空間が必要な時は中待合室や隔離室（水痘など伝染病の子が待っている部屋）を即席の絵画療法室にすることもあった。その場合は「必ず後で見せてね」とお願いしていた。絵が誰に対するメッセージであるかは子どもであってもはっきりさせておかねばならない。

　箱庭療法や遊戯療法は箱庭のセットやプレイルームを必要とするため可能な施設は限られるが，絵画療法なら工夫によって普通の小児科外来でもできるのである。ただし，これはあくまでも「くずし」（場所，時間，料金という治療が本来もつべき枠を状況にあわせて離れたもの）であって，ある意味コンビニ的な治療である。これでカバーできるのは，症状が比較的軽く，なおかつ親子関係に歪みが少ないケースに限られるであろう。そしてできれば

時間と場所と料金をきちんと設定した基本的な治療を経験した上での「くずし」である方が望ましい。

3. 意識的に用いた絵画療法

絵画療法に流れがあることを目の当たりにしてから，今度は自分ではっきりと意識して心理療法を行うことにした。この療養所にはプレイルームがあり絵画療法の道具を始め，粘土，ドールハウス，簡単な玩具なども揃っていたので遊戯療法も含めていわゆる一般的な心理療法が行えたのである。また小児科所属ではないが臨床心理スタッフが院内にいてくれたこともあり，適宜助言をもらうことができた。

初めてのケースは血液疾患の高校生で箱庭療法を行い，2例目以降からは小中学生が対象だったこともあり遊戯療法（プレイセラピー）を行った。その中で絵画療法を今度は自ら意識して用いることにした。ただしこの時も小児科に教科書があったわけではなく，遊戯療法や絵画療法を系統立てて勉強できていたわけではない。しかも医師であるため検査的なものをしないと落ち着かなかったことで，この時好んで用いたのが風景構成法（Landscape Montage Technique；LMT）であった。当時，LMT は『中井久夫著作集』[3]くらいしか教科書がなく，どのように用いればいいのかよく分からなかったのだが，心理療法の何らかのメルクマール（指標）になるらしい印象があり，小6の喘息児のケースでは毎回用いた。今から思うと恐ろしいことをしたものだと思う。絵画療法で毎回でも用いてよいものは自由画やスクィグル，色彩分割など遊びの要素の大きいものであって，バウムテストや風景構成法，家族画，HTP などテスト的要素をもち，ある程度の制限をするものは治療の節目にしか用いない。大まかな目安として3カ月くらいは間を空けるものである。

ところがこの時は治療自体がそれで壊れたわけではなかった。毎回描くうちに描くアイテムの順序を子どもが憶えてしまい，楽しそうに描くようになったからである。時には「川じゃなくて海を描きたい。いいでしょ？」とそ

の子流にモディファイ（一部変更を加える）されたりした。心理検査だとばかり思っていた筆者は楽しそうに描く子どもを見て「LMTって治療に使えるものだったんだ」と気付かされた。これはもちろん誰でも毎回やってよいと言うことではなく，それが子どもにとって楽しいこととして受け止められる，「治療関係」あるいは「関係性」がなければならない。さらにこの場合は，やはり子どもの臨床であったことも大きい。子どものもつ柔軟性が技法にも自由度を与えてしまうのである。また子どもの変化は治療が乗ってくると毎回目に見えて感じられることがある。毎回は，やり過ぎにしてもこまめにやってもそれなりに変化が拾えるだろう。

　この「関係性」という感覚は，絵画療法を用いる者はどの年齢，どの疾患を対象者としても必ず通らねばならない。絵は描き手の一方的な産物ではなく治療者の関与によってもたらされる，いわば共同作品という感覚である。しかしこの感覚はそう簡単に手に入るものではない。とりわけ医師には時間がかかる感覚である。筆者を例にとると，筆者は医師，それも小児科医であったのですばやく診察所見をとること，子どもゆえに限られた検査を正確に読むことをトレーニングされた。これは言い換えれば相手を徹底的に客観視するトレーニングである。人間をあくまで自分と切り離したモノとして捉える感覚，これは医学部生が解剖実習を通る時から少しずつ身に付けていくものである。これは正確な診断をしていく上で非常に大切なものであるし，医師の自我を守っていくものでもあるので，ここから離れるのはなかなか不安なものである。筆者がこの子に毎回LMTを施行したのもこの心性によるものであったと思う。もっともそのために用いたはずのLMTが，逆に筆者に「関係性」の感覚を教えることになるのだが，この時，最初にバウムテストに触れてから約3年が経っていた。臨床心理の大学院生もこれほど時間はかからないにしても，修士論文や博士論文ではほとんどの学生が統計的処理によって導かれたものを材料に書いていると思う。つまり一人ひとりとの関係性ではなく，ひとくくりにしたマス（集団）として人間を扱う感覚からスタートしなくてはならない。そこから「関係性」を体感していく道のりはある意味，筆者の通った道と近いものと思われる。必要に応じて時間をかけて欲

しいと思う。

　さらに付加することとして，筆者が日常診療の中で心理療法の「くずし」として絵画を取り入れている基礎には，枠をきちんと守った遊戯療法の体験がある。そして子どもの絵画療法は遊びをともに味わう感覚がないと展開されないことをその体験から学んだ。小児科医が簡単な形で絵画を用いるにもその基礎は欠かせないものと思われる。小児科医は総じて子どもと遊ぶのがうまいので，是非，遊戯療法をきちんと体験した上で日常診療に取り入れて欲しい。ただし小児科医は非常に多忙であり，とりわけ昼夜を問わない救急医療に追われる中でははっきり言って困難が多い。プレイルームを備えた施設もまだまだ限られているだろう。二次病院にも箱庭などを導入するところがぽちぽち増えているとはいえ，少子化などの背景から定員削減に踏み切るところが増えており，一人ひとりに時間をかけた医療は非常に厳しい現実がある。やはり診療リズムがゆったりした療養・療育施設に勤務する機会を得るのが最も現実的であろう。筆者も療養所勤務の2年間で約100枚のLMTを体験し，後にそれを別著[4]にまとめる機会を得た。それがベースとなってその後も小児心身症の治療に活かしていることを思えば非常に貴重な経験であったと思う。読者に小児科医がおられたら是非そのような機会を生かしてほしいと思う。

4．精神科領域での体験

　この療養所勤務の後，筆者は精神科に籍を移しそのまま現在まで精神科医を続けている。精神科にいるとさすがに軽微な心身症を診る機会は少ないが，小児科と比較すると次のような特徴が感じられる。①身体症状そのものよりもそれによってもたらされた社会的不適応の方が深刻であることが多い，②精神症状を併発したり，経過中に精神症状や行動化に置換されることが少なくない，③したがって家族，学校や会社と連絡を取ったり，虐待が背景にある場合は児童相談所や法律家との連携が必要となることもある，などである。これらは事例を元に考えた方が良いので年齢ごとに挙げてみる。

事例1：A子　5歳女児

　実父からの身体的虐待，継父からの身体的・性的虐待，実母からの身体的虐待（実父，継父ほどではなかった様子）を受けて育つ。暴力は継父から実母へも行われていたため母子でシェルターに避難。母も元被虐待児であり人格障害の診断ですでに医療を受けていたため，母の主治医は母子同時の治療を勧め，A子が筆者に紹介されてきた。その時点では症状は頻回の夜尿（毎晩3〜4回）という身体症状のみであった。夜尿自体は回数が多いとはいえ，年齢的には治療対象とするには早い。しかし受けた虐待の内容と関連の深い症状として扱っていくこととした。A子は筆者の診察および臨床心理士の遊戯療法を受けることになったが，絵画では傾いた家を描いたり，枯葉に顔を描き「これ，ママ」と言って画用紙に張った作品（図1）などがみられた。間もなく母の精神状態が不穏となり精神科救急を経て入院。幸いこの時は虐待はなされずA子は児童相談所に一時保護された。しかし処遇先がなかなか決まらず，後から入ってきた子が自分より先にいなくなる事態が続いたところ，保育所で人格解離を生じ突然男性の声音，口調で「てめーらぶっ殺すぞー！」と周囲に叫ぶエピソードが始まった。その後通院可能地域内でホーム形式の施設に収容され治療は継続された。治療ではままごと遊びや食事ごっこが中心となり，またホームでは職員になれるに従い，他児への支配的振る舞い，職員への攻撃と退行などが表面化していった。職員がそれを受け止めていく中で夜尿は改善，解離的エピソードも再発することなくその後進んだ小学校での適応も良好であった。

　最近，児童虐待は社会的にも問題になっているのでこの事例を取り上げてみた。虐待のケースはPTSD（外傷後ストレス障害）の症状を多彩に出すだけでなく，身体症状も伴うことが非常に多い。このようなケースは絵画療法だけで関わることは不可能である。安

図1

全の確保がまず優先されなければならず，このケースでもシェルター保護となってから治療が開始された。児童相談所の配慮で処遇先は通院可能地域内の施設が選ばれたが，今や養護施設はどこも満杯の状態であり，収容先を選べることは少なく，このようなケースは非常に珍しい。また治療が継続できるようになってからは，ホーム職員の苦労にひたすら耳を傾け，ねぎらうようにした。その上で，一見悪い子になったように見えること，赤ちゃん返りが始まったことが実は意味深いことであることなども話し合うようにした。

　被虐待児は治療が始まるとそれまで抑えていた葛藤や攻撃性を表現するようになる。それゆえに虐待的環境にあるときは，むしろ虐待を悪化させるため心理療法は始めてはならない。このような配慮は施設にいる子も同様であり，治療が却って職員の陰性感情を引き出してしまう可能性を常に考えておかねばならない。それでなくても被虐待児は相手の支配欲を満たすような歪んだ形で家庭内で適応してきたことが仇になり，新たな環境でもしばしば虐待を誘発する傾向をもつのである。職員に他人の子に対する養育意欲を引き出し維持してもらうのは非常に難しい。しかしそこまで見越しておかなければ再虐待という事態を招き，治療そのものが逆効果を引き出す結果となるのである。また将来の見通しのために引き取り手になりそうな大人の様子（この場合は母親）も適宜追っておかねばならない。このように虐待のケースではまず生活条件を整えるためにやるべきことが山のようにある。臨床心理士の中にはこのような対外的な動きを苦手にする人もいるが，できるだけ関わって子どもの置かれている状況をともに把握しておかねばならない。そこまでやっておかないと心理療法自体が始まらないのである。

　しかしここから始まる治療として，絵画療法などイメージを用いた治療は，安全な環境を得られた虐待のケースには非常に適している。被虐待児はそれを受けたのが幼ければ幼いほど言語化そのものが不可能であるし，虐待の程度が重ければ重いほど，どのような表現であれ困難である。また表現をいたずらに引き出すとフラッシュバックを誘発し強い混乱に陥れることになる。できるだけ自然な形で共感的な環境を作るのに，遊びの中で行われる絵画などのイメージ表現は非常に適しているのである。このケースでいえば，母親

の恐ろしいイメージ，貧困なイメージは絵画を通して表現された。またこの子はプラレール遊びを非常に好んだが，その中では一緒に進んでいた列車が分岐点から別々の路線に進んでいく様子を数回にわたって表現した。置かれた環境の大変さや親きょうだいと別れていく様子がうかがわれるのである。この子は施設収容後，治療の場でも施設でも実家のことはほとんど言葉に上らせることはなかった。それはあまりにも苦痛が大きすぎて，守られた治療関係におけるイメージ表現の中でのみ可能であったのだろう。

事例2：B夫　小学6年生男児　心因性胸痛および筋緊張性頭痛

幼少時より母親が躁うつ病のため入退院を繰り返し，小5の時母が家出をし，家出したその先ですぐに同棲，再婚に至る。B夫はそのことを知らされていなかったが，子どもが恋しくなった母親からの電話でそれを知った。その少し前より主訴が始まっていたが，この電話を契機に増悪し，そのまま不登校になって筆者のもとを訪れた。その時描いたLMTが図2である。窮屈な檻に閉じ込められた象，極端に左と上に寄せられた構図が印象的であった。B夫は治療の経過中に中学に上がり登校を何とか再開するが，身体症状の軽快と入れ替わりに同級生の女児に被害妄想を向けるようになり，執拗な嫌がらせ（B夫に言わせると当然の仕返し）が度を越したため校長から登校禁止処分を受けた。筆者は本人だけでなく，教師および教育センター指導員とも話し合い，本人のためにも登校は控えた方が良いと判断した。一時的に本人が入院を希望したが，見学した病院がイメージと異なっていたり，自宅で何とか過ごせていたため外来治療を続け，しばらくのひきこもりの後，通級学級から登校を

図2

再開。しだいに両親への不満や怒りの表現も見られるようになり，2歳下の弟が不登校を始めたのと入れ替わりに学校へ戻った。

　B夫の場合は不安定な母を支えるために自分を殺し，見捨てた母への怒りも閉じ込めたままであったのだろう。そのことが閉じ込められた象にも表現されているように思われる。その象が檻を破って出てきた現象が同級生への攻撃であったのではないだろうか。その同級生は不登校から出てきたB夫を一番世話してくれた子であったので，親切なその子に執拗な攻撃を向けるB夫を教師たちは責めたのだが，親切であったからこそB夫の葛藤を引き出したのだといえよう。これはのちに治療の中で語られた両親への怒りへと姿を変えていったのだと思われる。

　このように身体症状が治療中に精神症状に転化するケースは珍しくないが，このケースのように遺伝負因がある場合，治療者はとりわけこころしておいたほうがよいだろう。またしばらくのひきこもりは，図2の左上側に寄せられたB夫の世界と重なるものである。B夫は現実と内実が一致する時期を過ごした後に外的適応を取り戻していったのであろう。B夫に描いてもらった絵はこの1枚だけであった。短い外来診療の中で絵画により，余計に葛藤を引き出す方が危険との判断からである。1枚でもB夫のありようを非常によく示していると思われ，後にも治療の参考になった例として挙げてみた。

事例3：C子　高校1年生女子　過換気症候群
　中学時より軽い呼吸困難感はあったが，高1の3学期に授業中にも頻繁に呼吸困難を感じるようになる。しかし親にも言えず登校もできないまま公園で過ごしているうちに出席日数が危うくなり自分で治療を受けようと決心，単独で総合病院呼吸器内科を受診し，心療内科を経由して筆者に紹介される。初診時に家庭背景が，割にしっかりしていることが分かったことと，絵が好きとのことで絵画療法を中心に行っていくことになった。初回のLMT（図3）では「万年雪の雪解け水が溢れて洪水になること」「しかし家が高床式なので助かること」が語られた。絵画が進むうちに「胎児のように抱かれる（図4）」「傷を乗り越えなくては前に進めない（図5）」「自分のことが好き

になる（図6）」イメージなどが語られた。これに並行する形でC子はずっと一人で抱えていた葛藤を言葉にするようになった。小さい頃隣の部屋から「生むんじゃなかった」と語る両親の声が聞こえてきたこと，幼稚園の時近所の男性から性的いたずらをされていたことなどが泣きながら語られた。高1～2の頃は自室の入り口にバリケードを築くなど家族との接触を頑なに拒否していたのであるが，3年になって思い切って両親にも苦しみを打ち明け，その頃より絵画表現はなくなっていった。短大入学を機に終了となったが，その時夢が語られ「空から海に落ちている。

図3

図4

図5

海を見ると領域が四等分に別れていて，安全なところは一カ所だけ。自分はらせん状に落ちていてどこに落ちてしまうのか分からなかったが辛うじて安全な海に落ちた」というものであった。

思春期とは，それ自体も通るのが大変な時期であるが，潜伏期に表面化しなかった過去の心の傷がもう一度疼き出す時期でもある。C子の場合幼い頃に受けた傷をそれまで凍結保存していたのであろうが，まさしく万年雪が解けるがごとく姿をあらわしたのが呼吸困難という症状だったのであろう。しかし身体症状が言葉となっていくのは時間がかかり，途中で治療者関係の間に象徴的な退行が受け入れられ，傷と直面していく器が必要になっていく。C子はまさしくその作業を絵画を通して行ったのであり，子宮に浮かぶ胎児のようなイメージ，傷を乗り越えて進んでいく勇者のイメージ，そして自分を受け入れるイメージを描いたのであろう。そこまでを絵画で象徴的に表現した後，今度は最も身近な他者である家族を受け入れ，思春期を卒業していったのだと思われる。C子の思春期は危険に満ちていたが，最初にLMTで描かれた洪水は，夢に出てきた海の中で四分の一の安全な領域に注ぐことができたのである。

このケースは初回のLMTを除き宿題法で絵画療法を進めた。一般外来の中で行った治療なので時間的制約があり，その場で描いてもらえなかったのだが，この方法は葛藤を生活場面である程度抱えられるような家庭的状況的背景がないと危険である。C子の場合は問診である程度見通しが立ったことや，LMTに「安全な高床式家屋」が描かれたことに治療者も確信がもてたためにこの方法がとれたのであった。

図6
- 最近やっと学校に来るのが苦でなくなりました
- 最近やっと人を信じる事ができる様になりましたー
- 最近やっと自分らしさを取り戻した気がしますー
- もう少しで自分を好きになれそうですー

事例4：D子　大学3年生　22歳女性　心因性胸痛　アトピー性皮膚炎

2歳以降からアトピー性皮膚炎がひどかったが，新興宗教と自然食療法を頑なに続ける母親の影響で未治療のまま成人した。しかし掻痒感がひどくほとんど眠れなくなったために総合病院皮膚科受診。そこで処方された薬物を拒否したため医師から「それではどうしようもない」と言われてパニックになる。またこの前後に胸痛もひどく循環器内科も受診するが，異常なく心療内科に紹介となった。心療内科でも薬を拒否したため絵画療法を提案，D子も絵画は好きであったため続けることとなった。

当初は症状の話が中心であったが，段々と生い立ちの話になり，幼児期より母の信じる宗教の集会に連れて行かれていたためにかなり強迫的で教条主義的な生き方をしてきたことが語られるようになった。そのことに先立って絵画では「水の流れるイメージ（図7）」が描かれ，生い立ちが具体的になってくると「縛られる自分（図8）」「本だけを頼りにして生きてきた空虚な自分（図9）」として描かれるようになった。とりわけ思春期から父親に受けていた性的嫌がらせ（体に触る，風呂を覗くなど）を語る時は「当時は親のいうことは絶対，と教わっていたので断ってはいけないと思っていた」と号泣するようになった。その後症状が一時増悪し，さらに悪寒なども加わったため自殺念慮が続くが，ある日夢で，「黒いものが追ってくる。皆と一緒に逃げるが，それに触れた仲間は発狂しその人も襲ってくるようになる。私は思い切って立ち止まりその仲間を蹴飛ばした。すると黒いものは満足したように動きを止める。話をつけたいと思い黒いものに語りかけるとそれは15歳

図7

図8

図9

くらいの少年になっていた。『この国には霊がいない。だから自分が来た』と言われたので『私たちが霊だ』と答えると『僕には父親がいないことを分かって欲しい』という。『私もいないよ』と答える。そして彼は『星に帰る』という。それを聞いて自分も星から来たのだと思う」。この夢を契機にD子はそれまで忍従していた父親，母親，きょうだいと対決するようになる。卒業後は家を出たり戻ったりを繰り返したが定職を得て自立。結婚を機に治療終結となった。

　　　　　　夢から分かるようにD子には内的父親が不在であった。その代理として宗教の教義を頑なに守っていたのであろうが，そのことはD子を絵のように「縛られて身動きのできない存在」「本の上の空虚な存在」にしていたのであった。症状はそんなD子にたましい（霊）を吹き込むために来たのであるが，それは安易に触れると発狂するほど恐ろしいものである。一つ間違えば死につながることさえあるのだ。このことは絵画で流れが生じると症状消失などのよいことが起こると考えるのは間違いだ，ということを教えてくれる。だからよくないのではなく治療とはそういうものだということを治療者はよく分かっておか

ねばならない。やってきた対決をより強固に支えるために節目節目にスーパービジョンを受けるのも一つの方法である。受けること自体，治療者にとっては自分との対決になるのだが，D子の場合も筆者がスーパービジョンを受けようと決めた時に上記の夢を見ているのである。

　事例1～4にあるように心療内科・精神科領域における絵画療法は身体症状を巡って独特の流れを生じさせる。その流れはしばしば精神症状や行動化をいう形をとり，特に社会的に自立していない若年者を対象とする場合，生活環境を破壊することがあるので適応にはよくよく注意しなければならない。C子のように絵画を中心にすえてやれるケースもあれば，B夫のように見立てのみに用いて絵画の流れそのものを作らないようにするケース，A子のようにそれ以前の環境調整が治療の大部分を占めるケースもある。いずれにしても多くの場合で保護者や学校，職場への目配りは必要であり，治療者だけで不十分な時は医師やケースワーカー，時に法律家などとも連携していかねばならない。とりわけA子のようなケースは今後さらに増えていくと思われるので，事例を重ねていく中で絵画療法の位置付けがさらにはっきりしていくことだろう。

5. 補　足

　若年者の心身症のうち，筆者が絵画療法を用いたことがなくて，もし状況が許せば是非導入したい分野がある。悪性疾患など三次病院で扱う疾患群である。筆者は小児科医としてはこれらの疾患を扱ったことがあるが，当時は駆け出しの頃で絵画のような関わりは思いもよらなかった。今でも亡くなった一人ひとりの子どものことをはっきりと覚えており，今の自分であれば相当異なった関わりができるのに，と思う。幸い精神科医として成人のターミナルケアに絵画を用いた経験はあり，その両者の知見を踏まえて試論として最後に述べたい。

　小児科では急性疾患の入院に絵画療法を行うことはまずないが，入院が長引く例，予後が不良な疾患は良い適応である。若年性糖尿病，若年性関節リ

ウマチなどの自己免疫疾患，白血病などの血液疾患，心疾患，腎疾患などが対象となる。狭義の心身症に含まれないものもあるが，心理面での配慮を必要とする疾患という意味で心身症に準じた扱いをしてよい。彼らは病院で長い長い一日を過ごさねばならず，また苦痛を伴う検査に何度も耐えなければならない。疾患の性質上，病棟内を遊びまわることも許されない。このような日々が続く中で彼らはいちいち痛みや寂しさを訴えなくなり，一見良い子になっていく。しかし幼いなりに彼らは自分の運命に対する怒りや絶望を感じており，無機質な病室にはその表現窓口が乏しいだけなのである。彼らは疾患で説明のつかない症状を訴えることがあるが，それは時には彼らなりの不安や恐怖の表現を含んでいることがある。そんな時無表情にテレビゲームに興じる彼らと遊びながら，絵の道具を用意してあげるとよい。箱庭に比べるとはるかに導入しやすく，とってつけた感じが少ない。また病室は元々非日常的空間であり，特に白血病は個室・無菌室を必要とすることが多い。これらは医学的必要性から閉鎖空間となっているのであるが，心理療法を行う上でもこのことは治療的に作用する。また，このような病棟に臨床心理士が入る時は普段から回診を主治医と一緒に行っておくと心理治療が必要となった時の関係が作りやすい。主治医や看護師でない人が病室に自然に入り込むのは，普段から工夫しておかないと意外と難しいのである。

　このような予後不良疾患の絵画療法では，風景構成法でやるような黒い枠取りは慎重でなければならない。この枠は元来描画空間を治療者が守る象徴であるが，この場合には死を連想させ本人はともかく親を不要に刺激するからである。筆者はこのような場合「君から見たら僕はどんな色？」と尋ねてその色で枠取りをするようにしている。

　またこれらのケースでは必ずしも疾患そのものの治癒を目指すわけではないことも知っておかねばならない。そして残された時間が短くなった時には絵画にこだわって不用意に親子の時間を奪わない配慮も必要である。イメージの力に引き込まれすぎて現実を見失わないことである。

おわりに

　筆者は絵画療法を始めて20年弱になり，描いてもらった絵画もおそらく数千枚に届いているはずである。しかしそのイメージのもつ力であろうか，絵を見直すと描いてもらった子の，描いてもらった時の状況がありありと思い出される。ことほど左様に絵画は治療者のこころの奥深くに入り込んでくるのである。これは治療の貴重な武器になるだけではない。治療者と患者さんの両方を病ませ周囲を破壊する力も有している，ということである。絵画療法を行う臨床家は今一度その危険から自らと患者さんを守るために，絵画の意味をさまざまな角度から眺め直すべきだと思う。

引用・参考文献
1) 徳田良仁他監（1998）芸術療法1，2　岩崎学術出版社
2) 待鳥浩司（1998）小児の表現病理　芸術療法1　126-137　岩崎学術出版社
3) 山中康裕編（1984）風景構成法（中井久夫著作集別巻1）　岩崎学術出版社
4) 待鳥浩司（1996）小児科，精神科と風景構成法　山中康裕編著　風景構成法その後の発展　167-182　岩崎学術出版社
5) 山中康裕（1999）少年期の心（中公新書）　中央公論新社
6) 皆藤　章（1994）風景構成法　その基礎と実践　誠信書房
7) 山中康裕編著（1996）風景構成法その後の発展　岩崎学術出版社
8) 皆藤　章・川嵜克哲編（2002）風景構成法の事例と展開　誠信書房
9) ケイス，C.・ダリー，T.著／岡　昌之監訳（1997）芸術療法ハンドブック　誠信書房

第4章 ことばを越えたコミュニケーション
―― 自閉症児の造形活動

鈴木美枝子

はじめに

　近年，知的障害の養護学校では，自閉症を併せもった重度・重複障害の児童・生徒が増えてきている。彼らの行動には，次のような特徴がみられる。
　①表出言語をもつ児童・生徒が少なく，コミュニケーションをとることが難しい。
　②こだわり行動などがあり，興味・関心の幅が狭い。
　③特定な刺激に対して過敏に反応を示し，学習活動に支障をきたすことがある。
　これは，彼らの抱える困難をあらわしているが，見方をかえれば，3つの行動特徴が，彼ら独自の世界を築いているともいえるのではないだろうか。そこで，筆者は日常生活で，否定されがちなこれらの特徴を肯定的に捉え，アプローチのツボとして押さえることとした。
　学校生活において，自らの表現を保障する場として授業を設定すれば，彼らは能動的に活動することができる。そこに，われわれ大人が立ち会うことで，個々の表現は，コミュニケーションの機能を果たすようになる。それが技能として発展していくことで，人とのかかわりが育ち，社会性を身につけることにもつながる，と考えた。
　このような発想から，毎週金曜日の3，4時間目の図工の授業を，「つくろう　ぼくらのびじゅつかん」というテーマで造形活動をすることにした。

その中では、それぞれがこだわる好きなもの、取り組みやすい教材・教具などを用意して活動ができるようにした。

今回は、自閉症児への造形活動を通じた試みのあらましについて述べ、いくつかの提案をしたい。

1.「つくろう ぼくらのびじゅつかん」の概要

ねらい：「一人ひとりが安心して自由に自己表現できる空間」として授業を設定する。

①活動の場（図1）
- ・オープンスペースの空間
- ・プライベート空間としてのコーナーの設置
- ・個々の経験や興味・関心に基づいた教材
- ・BGMの利用

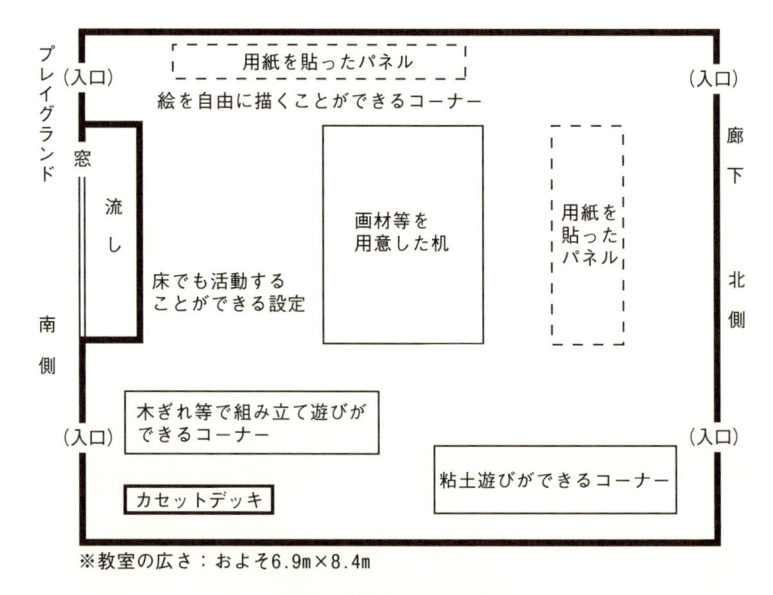

```
プレイグランド（入口）                        （入口）
        窓                                  廊下
           流し    用紙を貼ったパネル
                   絵を自由に描くことができるコーナー
                              画材等を     用紙を
                              用意した机    貼った
                                          パネル
           床でも活動する
           ことができる設定                    北側
   南側
                木ぎれ等で組み立て遊びが
       （入口）   できるコーナー              （入口）
              カセットデッキ
                          粘土遊びができるコーナー
```

※教室の広さ：およそ6.9m×8.4m

図1　具体的な場の設定例

第4章 ことばを越えたコミュニケーション——自閉症児の造形活動

※ 教材・教具の配置やBGMは固定
②ルール
　・教室内を自由に歩き回ってよい
　・立って活動しても，座って活動してもよい
　・自分の好きな活動をしてよい
　・教室の外では活動しない

2. 事例呈示

ここで，活動の様子をリアルに感じていただくために，子どもたちの取り組みの例をあげてみたい。

1. 触覚刺激に没頭してしまうA君の場合

A君は，描くことが大好きで，絵の具などを見ると真っ先に筆を持って，画用紙を隅から隅まで塗りつぶしてしまう。そして，クレヨンやマジックを見つけると，同じ絵を何枚も描き続ける。また，粘土に取り組めば，作っては壊し，壊しては作るの繰り返しで，なかなか終わらない。要するに，すべての造形活動に対して夢中になって取り組むけれど，夢中になればなるほど，どんどん自分の世界に入り込んでしまい，時間の経過と共に，指示が伝わらなくなってしまうのである。同じような現象は，日常生活でも，特定の好きな本を常に抱えて歩いていたり，黙々と感覚遊びを繰り返していたりする姿から窺うことができる。

そこで，彼の「こだわり」に注目をして，与える教材・教具を次のように考えた。
①本人の画用紙を塗りつぶすエネルギーに合わせ，用紙を模造紙大の大きさにする。
②画材は，マジック，クレヨン，ポスターカラー，絵筆，スプレーなど複数用意する。
③粘土は，赤，緑，白，黄色の小麦粉粘土で，それぞれ硬さなどを変える。

④身近にある物の中から，ビーズ，色つきのマカロニ，貝殻，ビー玉，スパンコールなども準備する。

　最初の授業の出来事である。彼は，1枚の画用紙を床に置き，筆者の手を引っ張って「これ，とって……」というように，黄色の粘土を指さしした。筆者が，要求どおりに粘土を渡すと，彼は，すぐ，床に置いた画用紙に，黄色の粘土を押しつぶすようにして貼りつけた。そして，机の上のマジックをとり，「じいちゃん，じいちゃん」と言いながら，黄色の粘土を顔に見立てて，眼や口を描き始め，足や手もつけ加え「人」を完成させた。この動作を繰り返し行い，その都度「じいちゃん，じいちゃん」と言いながらたくさんの「人」を描いた（**写真1**）。これをきっかけに，パターン化した絵に変化がみられるようになった。また，新しい絵を描くたびに，さまざまな言葉を発するようになり，表出言語が急速に増え始めた。と，同時に，休み時間の遊びも，感覚遊びから見立て遊びに変わり，筆者や他の教師の手を引っ張って，自分の遊びに誘い入れる姿もみられるようになった。

　活動が始まって1カ月が過ぎようとした頃である。彼の隣でスプレーを使っていた友達が，流れる絵の具を指で追っていた。それを見つけた彼は，しばらくその様子をじっと見ていた。そして，思い立ったように，模倣をし始めた。まず，パネルにスプレーを押しつけるようにして吹きつけ，流れる絵の具をじっと眼で追った。彼らはしばらくの間，並んで同じような動作をやっていた。しかし，何を思ったのか，A君はスプレーで絵の具を吹きつけ

写真1　　　　　　　　　　　写真2

第4章　ことばを越えたコミュニケーション――自閉症児の造形活動　77

るスピードを急に速め始めた。すると吹きつけた絵の具が，一度にどっと流れ落ちる現象が起きた。それを見た瞬間，彼は，滝のように流れ落ちる絵の具を止めようと，近くにあった画用紙を持ってきて，そこに押しつけた。そして，押しつけた画用紙をゆっくりとめくった。そこには，スプレーで吹きつけた絵の具と同じ色や形が写っていた（**写真2**）。それを見て，不思議に思ったA君は，同じ動作を何回も繰り返した。その行為は，いろいろな場面で遊びとして発展していった。

2．活動をやりたいけれど，やれないB君の場合

　B君は，「自閉症」と診断されてから，さまざまな療育機関で指導を受けてきていた。養護学校入学時には，日常生活習慣はほとんど身についており，自分の名前もなんとか書くことができた。そして，教師の指示にも，しっかりと従うことができた。しかし，どんな学習をするにも，一歩下がって見ており，自分から手を出そうとはしなかった。活動を促すと，いつも不安気な表情で，大人の顔色を窺いながら恐る恐る始めるのであった。彼にも，少し触覚過敏なところがあり，手が汚れるとすぐ洗いに行ったり，着ている服が汚れないように気を遣ったりしている面があった。

　そこで，筆者は，彼が使い慣れて，馴染みのある画材や教材を準備した。そして，彼が活動に取りかかるまで，じっくりと腰を据えて待つことにした。彼は，授業の最初，椅子に座ってマジックを持って友達の活動する様子を見ていた。しばらくすると，「自分も何かやらなくては……」という使命感から，恐る恐る自分の名前を書き始めた。そして，あっという間に画用紙を名前でいっぱいにした（**写真3**）。描き終えた瞬間に，筆者は，その画用紙を手にとって，〈すてきな，デザインだね〉と言って誉めた。すると，彼はにこっとした笑顔をし

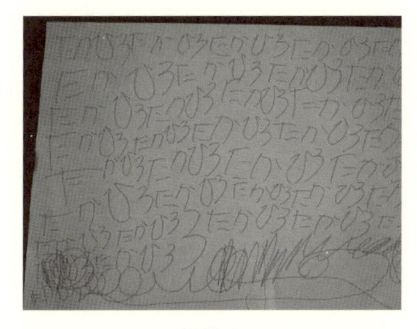

写真3

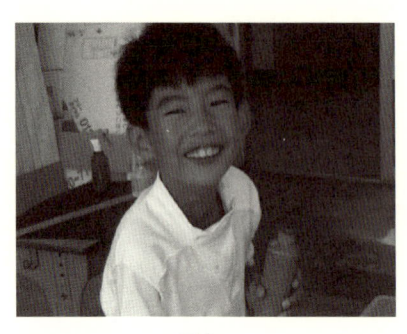

写真4

て，新しい画用紙を取りに行き，また，名前を書き始めた。この行為は，初めて自分から画用紙を用意して活動に取り組んだ姿であった。

次の週，教室で授業の準備をしていると，B君は教室に入ってきて，「ン，ン……」と身振りや指さしで，「自分も手伝いをしたい」と伝えてきた。そこで，筆者が，ポスターカラーを絵皿に出すように頼むと，彼は，喜んで手伝いをした。授業が始まり，友達が次々と教室に入ってきた。その日も，彼はいつものように，友達の様子を遠くから見ていた。数分後，突然，B君はポスターカラーを持ち，ニタッーと笑みを浮かべ，何かが吹っ切れたように笑いながら，絵筆を持って画用紙に絵を描き始めた（写真4）。これが彼を，「やりたがりのB君」という姿に変身させたきっかけだった。それ以来，何をするにも，真っ先に走ってきて，活動に取り組み，最後まで自分のペースで表現することを楽しむようになった。

3. 過敏に反応を示し拒否感の強いC君の場合

入学してから3年間，強制的に誘われないと，教室に入ってきたことがないほど，C君は，図工の時間が大嫌いだった。筆者が担任になった当時も，その言葉どおりで，教室で図工の準備をしている筆者の姿を見ただけで，廊下に大の字に寝転がって「嫌だ！」と叫んで抵抗を示した。反面，彼は，音楽が大好きで，休み時間はカセットをカラオケ代わりにして，歌っていた。そして，好きなことをやっている時には，近くにいる教師に自分から話しかけ，一緒にその場を楽しんでいた。

そこで，彼の好きな曲を，図工の時間に，BGMとして利用することにした。まず，彼のコーナーを教室に入った正面に作り（図1参照），カセットデッキを用意し，木切れに穴をあけたもの，アルミの針金，発泡スチロールなど，

硬い材質の教材を用意した。そして，授業の始まりの合図として音楽を流すことにした。

結果，彼は，どの場所にいても教室に走ってくるようになった。授業中は自分のコーナーにいれば，誰かがかかわってくれるという期待と，苦手な教材がないという安心感から，

写真5

好んでその場所に座るようになった。彼とのやりとりでは，〈やきとり1本ください〉「は〜い。お待ちください」〈ありがとう。おいしそうだね〉というように，ごっこ遊びをしながら活動に取り組んだ（写真5）。彼は，作品が完成すると喜んで「できた！ できた！」と，得意気にそれを持ち歩き，学校中見せて歩いた。

半年後には，図工の授業になると，自らBGMを用意したり，教材の準備したり，進んで活動するようになった。また同じ頃，日常生活にも変化がみられるようになった。今まで，触ろうともしなかった給食のジャムの袋を自分で開けるなど，自分から苦手なものに対しても，手を使うことが増えてきた。さらに，言葉数も増え，はっきりとした発音で話すことができるようになった。

4. 手先が器用で作業的な活動が得意なD君の場合

D君は手先が器用で，はさみなどの道具は，巧みに使いこなした。プールで使ういかだを作った時も，ガムテープなど，初めてのものの扱いも，すぐにその要領を得て上手に使いこなした。しかし，与えられた作業は，根気よく，几帳面に黙々と取り組むのだが，自分からものを作るということはしなかった。この授業が始まった頃も，彼は，教室の一角で椅子に座り，広告を細長く切って，それをひらひらさせながら，友達の様子を見ていた。時々，友達と同じように画用紙に絵を描くが，すぐにあきてしまい，いつもの定位置に座り，紙をひらひらさせながら，友達の様子を眺めていた。

そこで，筆者はD君に，粘土や貝殻，色つきのマカロニなどを用意して，〈○○先生とお別れだから，「写真たて」を作ってあげよう〉と，見本を見せながら問いかけた。すると，彼はうれしそうな表情で取り組み始め，さまざまなデザインの「写真たて」を完成させた（**写真6**）。

次に筆者は，D君が上手に粘土を扱うことに注目をし，陶芸に取り組ませてみることにした。その道具として，クッキーの型抜き，粘土を切るためのへらや針金などを用意した。そして，パーツで積み上げた器を見せ，「おやつの時に，お菓子を入れるお皿を作ろうよ」と誘いかけた。すぐに，彼はクッキーの型抜きで丁寧にパーツを作り，そのパーツを積み上げていろいろな形の器を作った。出来上がった器は，見本とは，全く違ったオリジナルなものだった（**写真7，8**）。

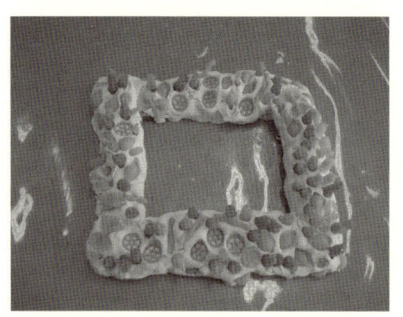

写真6

写真7

写真8

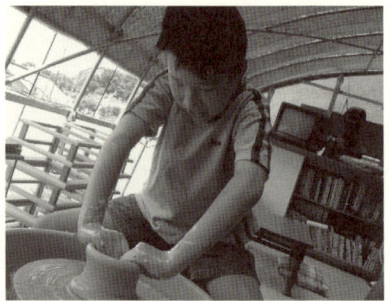

写真9

その後，D君は筆者と一緒に陶芸教室に月1回，通うようになった。そこで，陶芸教室の先生から新しい技法を教わったり，電動ろくろを経験したり（写真9）した。陶芸の好きな彼は，新しい環境にもすぐに慣れ，月1回の陶芸教室をとても楽しみにするようになった。秋には，陶芸教室の人たちと一緒に作品展を行い，家族で楽しんだ（写真10）。

写真10

5. 障害が重く活動することが難しいE君の場合

E君は，障害が重く自分から活動することが難しく，学校では，ほとんどの時間，教師が個別について学習を行っていた。しかし，彼は，青という色彩の弁別力と，音楽の音色を聞き分けられる力の，2つの優れた力があり，それを手がかりにして生活の楽しみを見出していた。

そこで，E君の技能ででき，楽しめる活動はないかと考え，発泡スチロール版画を試みた。まず，握りやすい太さのマジックを持たせた。次に，軽快なリズムのある音楽をBGMで流し，身体の動きを引き出した。その動きを利用して，発泡スチロールに穴や線を描いた。最後に，完成した発泡スチロールの板にカラフルな色のインクをつけて刷り上げた。この版画の利点は，マジックの油で発泡スチロールを溶かすことで凹凸ができ，簡単に版ができるところにある。刷り上げる時，彼は，腰をかがめて覗き込むようにして見ていた。さらに，完成したみんなの発泡スチロール版画の作品を構成して（写真11）パネルを作ると，E君は，毎日それを眺めて楽しんでいた。

日常の生活の中でも楽しめるものを増やすことを目的に，七夕飾りやクリスマスツリーなどを作った。皆と一緒に作っていく中で，カラフルな色の素材に，自ら手を出して活動に取り組む姿がみられるようになった。このような取り組みを始めてから，作品展でも，青を基調としたものや鮮やかな色使

写真11

いの作品の前で必ず立ち止まり，その作品を見る姿がみられるようになった。

半年が経過した頃，日常の生活の中で，カタログやカラーのチラシがあると座り込んで見ている姿がみられるようになった。そこで，そのカタログから，彼の好きそうなものを切り抜き並べてみた。すると，彼は，カラー写真を食い入るように見て，しだいに，気にいったものを手にとるようになった。彼の選んだものを集めて，コラージュのように1枚の紙に一緒に貼ったり，「すきなもの図鑑」や「○○くんの絵カード集」シリーズを作ったりして，日常楽しめるものに題材を発展させていった。

3. 自閉症児に対する造形活動の要点

最後に，子どもたちが伸び伸びと表現し，一緒に活動する友達とかかわりをもてるような造形活動というものについてまとめてみよう。

1. 子どもの実態把握から具体的な活動へ
子どもへのアプローチを具体化するには，次のようなステップをとるとよ

いだろう。
1) 彼らの「癖」を,「できる行動」「好きな活動」として捉え,具体的にあげる。
2) そのリストの中から,活用できそうなものを選び出す。
3) その行動パターンをさらに詳しく調べ,具体的な活動を考えていく。

たとえば,「触覚刺激に没頭してしまうA君」の場合,非常に「こだわり」が強く「繰り返しの行動」が目立っていた。そこで,日常生活の中で,いつ,どんな時に,どんな形でそれがあらわれるのかを整理した。「この教材なら,この動きの繰り返し」と,パターン化されていることが分かった。そこで,対象となる教材の大きさなどを変えて複数用意し,活動を組むことにしたのである。その理由は,パターン化した行動を利用することで,彼は能動的に活動することができる。そして,対象となる教材にバリエーションをもたせることで,同じように取り組み始めても,途中,いつもと違うことに気づき,その時点から,新しいものに変化していくだろうと考えたからである。

2. 場と人数（スタッフの数）について

学習の場は,自閉症児にとって能動的に活動できるか否かを左右する大きな要因である。

「場の設定」をするにあたり,必要不可欠と思われる条件は次のとおりである。

1) 子どもたちが,自由に歩き回ることができるスペースがあること。
　　→興味・関心の幅が狭いので,自分で選択できる空間にする。
2) 自分の居場所と活動できる空間があること。
　　→嫌悪感を抱いたものには,徹底して拒否をし続けるので,安心できる空間を作ることで逃げ場を保障する。
3) 手洗い場が,どの位置からでもすぐに利用できること。
　　→手の汚れを気にする子が多い。しかし,その行動に対して制限を加えると,逆に強化してしまうこととなる。

4) 明るい部屋であること。
   → 色などに対して感受性が高いので、視覚的に見えることが、活動意欲を高める。
5) 室温は適温で、風通しがよく快適空間である。
   → 少しの気温の変化に敏感に反応し、そのことにすぐ嫌悪感を示すからである。
6) 子ども側から見える入り口を1つにする。
   → 理由は，
   ①人が突然入ってくるなどの急な環境の変化を減らす。
   ②周囲の余分な音刺激を遮断する。
   ③教室を飛び出す逸脱行動の機会を減らす。
7) 机や教材などの配置は固定化し，物理的な構造化を図る。
   → 何がどこにあるのかなどを把握することで，安心して活動をすることができる。

かかわるスタッフの人数は，1人で活動することが可能な子どもの集団ならば，子ども3人に対して，つく大人は1人くらいがよい。

ただし，教材を口に入れたり，投げてしまったりして危険な行動をすることが予想される場合には，個々に対応できるようにしたい。また，スタッフの人数は，子どもの変化やねらいに合わせて，柔軟にしていく。

3. 画材・教材の与え方と留意点について

自閉症児にとって，最初に興味・関心を示すものは「もの」である。したがって，画材や教材の選択は非常に重要であるといえる。そこで，次の点を基本として選ぶとよい。

1) 画材などの色は，原色を主体としてカラフルなもの。
2) 教材は，手にべったりとつかず，感触のよいもの。
たとえば，
   ①紙粘土：普通のものは，手につくので拒否する子が多い。しかし，軽いパルプの材質のものは手につかないので受けがよい。着色した場合

も，軽いパルプの材質のものの方が，鮮やかな色がでる。
　②小麦粉粘土：弾力があって感触がよく，口に入れても安全であるが，形は作りにくい。粘土の保存性は低く，作品もカビが生えてくることがあるので注意が必要。
3) 触覚に対して過敏な反応を示す子には，硬い材質のもの。
4) 針金などは，アルミ製のものが軟らかいので子どもには扱いやすい（切り口はケガのないように丸く加工しておく）。
5) 使い慣れた道具（絵筆，へら，はさみなど）を用意する。

配慮したいことは，
1) 手が汚れたらすぐに洗うことができる，または，拭き取ることができるようにしておく。
2) 絵皿などは，十分に用意しておく。
3) 画材や教材は口に入れても，害の無いものを用意する（表示を確認する）。
4) 両面テープなどは扱いが難しいので，個々の子どもの技能をみて工夫して与える。たとえば，使いやすい大きさに切って，はがしやすいように端を少し折り曲げておく。セロテープは扱いが難しく，失敗すると手にくっつき不快感を与えるので注意，など。
5) 木切れなどは，角をとり，ペーパーをかけておく。

4. かかわり方について

　興味・関心の幅が狭く，一人ひとりのもつコミュニケーションの方法もさまざまな自閉症児にかかわる時には，「この子に対しては，……にかかわる」というように，一人ひとりの療育のねらいに応じて，基本的なかかわり方や教材の呈示の仕方をあらかじめ決めておき，スタッフで共通理解をしておくことが大切である。
　たとえば，
(1) 触覚刺激に没頭してしまうＡ君タイプの場合
可塑性の高い教材だけを与えておくと，没頭した状態から抜け出せなくな

る。そこで，活動中に，「次は，どこを作るの」と意図的に大人がかかわる場面を作り，外部との接点をもち続けることができるようにする。

(2) 活動をやりたいけれど，やれない B・D 君タイプの場合

B 君の場合には，自ら始めた活動に対しては，すべて肯定的に受け止めて自信をもたせる。また，出来上がった作品をみんなの前で誉めたり，展示したりすることで達成感を味わわせる。これらのことが，次の意欲につながることになる。

D 君の場合には，テーマを与えるなど，活動の枠を示すことでやることを理解させる。題材によっては，写真などを見せてイメージを膨らませたり，模倣を誘うようにして，隣で一緒に造形をしたりすることも有効な手だてである。

(3) 敏感に反応を示し拒否感の強い C 君タイプの場合

否定的な言葉に対しては敏感に反応を示すので，活動量に関係なく肯定的に誉めることで楽しいという快の経験を増やす。最初は 5 分程度から，少しずつ活動時間を延ばしていくとよい。この時に重要なことは，活動時間に合わせて完成できるものを題材として，用意することである。活動の成果が作品として完成することで達成感を味わうことができるからである。このタイプの場合は，個別指導から行う方がよい。

(4) 障害が重く自分で活動をすることが難しい E 君タイプの場合

本人の好きな刺激，興味・関心の高いもの（彼の場合には，音楽，そして，青をベースとした色鮮やかな教材）を手がかりに具体的な活動を考える。具体的な活動は，彼の技能でできる活動や，やりたいと目を向ける活動を行うことで，「活動する楽しさ」を体験させる。と同時に，好きな感覚をより多く体験させていくことによって，興味・関心の幅を広げ，活動の基盤を作っていくことになる。

5. 作品や活動の様子の取り扱いについて

(1) 出来上がった作品は，その時間内に自分の手で掲示や展示をする

教室に入ってきて，やりたいものを始めるという形をとる。それは，彼ら

が教室に入った瞬間に「あっ，ぼくは……をやりたい」と，湧き上がったモチベーションを，活動へつなげたいと考えたからである。そして，最後に，個々に自分の作品を掲示や展示をすることで，本人も，周囲も「活動の終わり」を意識できると考える。

(2) 活動の様子の写真やコメントも合わせて掲示する

日常生活の中で，自分で見て活動の振り返りをしたり，友達や教師から声をかけられたりすることで，作品を媒介に人とのかかわりが増えると考えたからである。

掲示や展示した作品は活動の記録として，家庭でも話題にできるように，その都度，家庭に持ち帰らせるようにした。

おわりに

筆者が，自閉症児に対して造形活動で目標としたものは，日常生活の中で否定されがちな，「彼らの行動特徴に対する見方をかえること」である。その発想で，私たちの方から，彼らのできることを認めていくことで，コミュニケーションのチャンスを拾い，彼らとの交流の場を広げていくことができる。こうした体験を積み上げていくことによって，彼らは，人とのかかわりを広げ，コミュニケーションの技能を高め，社会性を身につけていくと考える。

謝　辞

本論中での子どもたちの写真の掲載について，快くご承諾くださいましたご両親の皆様に，この場をお借りして，心から感謝申し上げます。また，一緒にこの活動を支えてくださったスタッフの方々にも，併せて深謝致します。

第5章 痴呆老人とのアートセラピー

市来百合子・内藤あかね

はじめに

　高齢者人口の増加に伴い，痴呆性疾患への心理的アプローチの開発はその決定打もないまま，急務となっている。昨今この分野において，回想法や音楽療法などのアプローチが散見されるなか，アートセラピー（筆者注：ここでいうアートセラピーは，英語の art therapy に対応し，二次元・三次元表材を媒体にした描画・造形を用いる心理療法を指す）は，どのように貢献できるのだろうか？　音楽は聴覚的な，そしてアートでは視覚的な非言語的コミュニケーションが主体となるが，この非言語性こそ言語の交流が難しくなった痴呆老人には直接的な影響力をもつと考えられる。しかし一方では，音楽や話すことと異なり，実際に手をつかって創作していくことは容易でない場合も多く，その有効性を開花させるには痴呆老人特有の工夫やセラピストの姿勢などが必要だろう。また痴呆症状と作品の関連を深く読みとり，何を目標としてその心理過程をうけとっていくかについての検討も重要であろう。また痴呆老人や高齢者といっても施設も病院（精神科や老人病棟）や各種老人ホーム，デイケアセンターなど多様で各々に適したアートセラピーのあり方を模索していく必要がある。

　本稿では，まず，実践としての痴呆老人へのグループアートセラピー（以下 GAT）をどのような方針や，背景となる理論のなかで組み立て，何を工夫し，効果の基準として考えるべきかなどについて，特別養護老人ホームでの2種類の異なるグループの例から提示していきたい。さらに痴呆老人特有

の画材選択に関する問題や課題の提示，セラピストの姿勢などについても検討したい。次に，精神科外来における早発性アルツハイマー病患者への配偶者同席アートセラピー事例を紹介し，個人療法的なアプローチについても考察する。

1. 痴呆老人へのグループアートセラピー（GAT）
—— 2種類のグループ構成の意義（高齢者施設における実施）

　痴呆老人のグループを始動させるにあたってどのような点に注意をむけるべきであろうか？　以下は筆者が1989年～1991年に特別養護老人ホームにおいてGATを行っていた時のグループ構成をもとに記していきたい。
　高齢者施設においてGATを編成する際の成功の秘訣は，メンバー選択と適切な目的の設定とそれに沿った課題の遂行である。高齢者の残存機能は心理的，認知的，身体的な側面において個人差が大きく，たとえば痴呆の程度は中度から軽度であっても麻痺や難聴などによって要介護となり施設にいることを余儀なくされたり，痴呆の程度は重篤であるが，身体上は問題もなく活動一般には参加できる人もいる。
　アートセラピーでは回想法などの言語を主軸とした心理的ケアと異なり，有形物としての画材を扱いそれを通してコミュニケーションをはかることが特徴である。すなわち手の操作を用いてはじめて何らかの自己表現が可能になるので，メンバー選択においては，次の2点の残存機能の査定が重要な鍵となるであろう。
　①身体機能の程度〔ADL（日常生活動作）得点による評価の他，握力，視力，聴力などの評価〕
　②認知機能の程度〔痴呆検査による基本的な知的能力および言語性能力，ベンダーゲシュタルトテストやMMS（言語性記憶検査）のなかの図形模写の設問から脳器質障害の有無をみる〕
　またアートセラピーのなかにも，さまざまなオリエンテーションがあり，どのような目的をもったアプローチが適切かは，メンバー選択や施設の特色

にもよるところが大きい。ここでは以下の2種類のグループ形態の有効性について述べていく。

1. アートスタジオ的開放グループ

アートセラピーのなかでも Art as Therapy [1] として個人の創作行為自体に治療的要因があり、それを最大限に賦活させることをその最終目標としながら、初期段階においては、その個人に最も適した画材や課題を探索していくタイプのアプローチがある。形態としては、アレン (Allen, P., 1995) の提唱するスタジオアートとしての空間 [2]、つまり、食堂などの共有の場所で、テーブルの上に置いてあるさまざまな画材に喚起され三々五々集まり、自分のイメージ制作に集中し創作することを目指す開放グループである。

期間は約1年をクールの単位とし、週1回、1時間半程度作業療法士や介護士らとともに行った。参加者として、あらかじめ手作業から何らかの効果が期待できそうな人を選択しておくが、あくまで開放グループであるので、机上の画材や制作の様子に興味をひかれて立ち寄る人に対しても人数が許す限り創作活動を積極的に勧奨していく。

アレンによれば、そういったなかで創作中のエネルギーの発現が起こり、それがスタジオアートの妙味であると述べており、その目標はどこまでも個人の内的な表現への方策や創造行為の可能性を探ることにある。つまりレクリエーションやリハビリテーション機能が優先的目的なのではなく、全員が同じ課題を行うことはなく集団としての共同体験を最重視するものでもない。あくまで個人の主体的な選び取りの行為を尊重し、必要な画材で必要な創作に時間感覚を喪失するほど没頭すること、少々誇張して換言すれば「芸術的創作の空間」なるものを目指しているのである。その場合の芸術性についての論議は、アレン、クレイマー (Kramer, E., 1971) [1] などを参照にされたいが、そこでは、自己表現に没頭し、そこに附随する創作後の作品についての言語化や内省、あるいは他者からの評価による自尊感情 (Self-Esteem) の向上などは、基本的には結果として産出されるものとして考えられている。

これらを空論にしないために重要なポイントは，あくまで個別に対応することであり，その人に適した画材を導入しそれに慣れてもらう期間を経てこそ意味のある自由な創作時間をつくり出すことができる。したがって緩やかな枠とはいえ，メンバー選択をグループ初期にある程度行い，参加が固定するまで継続的にかかわっていくことが重要である。

　具体的には，たとえば，痴呆が重度である場合は初めに現実見当力を向上させるために，目の前にある単純な形態の日用品（たとえばカップ）の模倣やステンシルのかたどりなどから始まるであろう。これによって描くこと自体に慣れ，型どりによって「形」を知り，その後に色（感情のトーン）を知り，その後徐々に組み合わせをつくりながら構図（秩序）について選び取る。

　軽度の痴呆であればステンシルを誘発線法のように用い，記憶からのイメージを喚起できるかもしれない。

　また，クライエントの「創作史」ともいうべき，生きてこられた地域や職業，生活のなかでの何らかの創作や手作業の歴史にまつわる材料を探し出すことも重要である。たとえばあるクライエントは，和服の端切れでパッチワークのようにコラージュを作り，着物の行商であることを話されたし，またあるクライエントは長年，教鞭をとった元小学校教諭であり，教師当時のようにチョーク状のパステルで板にかいたり，お手本をつくることが重要であった。

　このように初期の段階であくまで各個人に応じて選択した画材の取り扱いに慣れてもらい，後期には，一つひとつの自己選択をともなう創作の範囲を拡張していくことが重要である。

2. 心理療法としてのアートセラピー（閉鎖グループ）

　高齢者施設などにおいては，痴呆の程度は軽度～中度であるにもかかわらず身体的介護が必要な高齢者が少なくない。彼らにとって施設は，基本的な個人のプライバシーを守る空間の保持は難しく，介護を受ける受動的な存在とならざるを得ない。

　そのなかでは，喪失感や原不安などの個人的な感情体験に焦点をあてたり，

過去からの記憶を再生しながら個人のアイデンティティを再確認するための，より内省的な心理療法的な用い方をするアートセラピーが有効であると思われた。

(1) グループ運営に関して（対象者選択，場所，時間，準備段階，セラピストの人数など）

　前述の開放グループの経験から対象者を選択したが，その際，痴呆検査においては中度から軽度で，著しい失認や視聴覚障害のない対象者を5名程度（女性のみ）選択した。そしてその対象者には事前に面接を行い，グループの意図について説明し，開催場所を確認し参加への意志を確認した。スタッフにも同様に説明を行い，開催時間の確認やそこまでの引率の協力をうながした。

　場所は，居室から離れて，時間中は出入りのない閉鎖された空間で，週1回，約1時間半程度行った。1年を1クールとし，参加人数の上限は下記の理由により4, 5名ほどまでとした。

　セッションの流れとしては，時間になれば鈴の合図とともに挨拶をして手をつなぎお互いの存在を確かめ，この1週間の様子を簡単に述べあう。その後，色紙でその日の気分の色を選んでもらい，非日常的で非言語的表現への空間に誘う。その後は，下記のような課題を40〜50分の創作を行い，その作品についての話し合いの時間を軽くもち，終了となる。

　事前に対象者への丁寧な面接や下準備，部屋の確保や他のスタッフへの説明が必要なのは当然であるが，それにも増して重要な点は人数である。このようなグループの場合は上記のように認知機能がある程度保持していても，身体機能がバラバラ（片麻痺や車椅子の人など）の場合はその人にあわせてさまざまな画材や道具，設定を工夫したり，創作過程においてきめ細かに援助していく必要がある。たとえば，同じ絵を描くセッションにしても，片麻痺の人には紙の四隅をテーピングするとか，視力や握力の弱い人には粘土を扱うときにお盆の上で，水分を補給しながら作ってもらうなど，その人に通じる経路としての画材を模索していく段階において，多くの技術的な介入が

必要になる。したがって，それらの物理的な介入をも行う治療者が必要になり，心理療法としてのアートセラピーにおいて参加者が少人数になるのはやむを得ない。たしかにコストパフォーマンスがいいとはいえないが，アートセラピーをレクリエーション活動やリハビリあるいは，絵画教室とは一線を画するための条件といえるであろう。

　さらにこのグループが前述のアートスタジオ的開放グループと大きく異なる点は，制作後（あるいは制作中）の言語化にある。また，事前に〈絵を描くと昔のことをおもい出したりして，いろいろな話題が出てきますが，この時間に話されたことはここだけのことにしましょう〉というグループの規範づくりをやんわり，それでもくり返し伝えていくようにする。そうすることによって，過去の記憶やネガティブな感情体験も徐々に自然に吐露されてくるようになる。これらに対してセラピストがそれを受け止めることはもちろん，他のクライエントもそれらに共感できるような支持的な環境をつくるようにつとめなければならない。ある時，ひとりのクライエントが，描きながら「昔は絵をかくなんてことは私らには許されないお遊びでありとんでもない道楽だった」と述べ，自分が農婦として体をつかってどれだけ働いたか，そして姑からの悪口にいかに耐えたかを話し始めた。その話題に火がついて，他のメンバーも同じく昔の人はよく働き，自分もその一人であったし，働ける体をもつ，役割のある人間であったことが話された。そして今は「筆も満足に持てない」せつなさと同時に，ある種の怒りを表出し，そのことはグループ全体で深く共有された。このような他者との情動の共有体験は，心理療法としてのアートセラピーにおける大切な治療契機である。

　しかしまたある場合には，シェアリングにおいて老人特有ともいえるクライエント同士の葛藤が起こり，その扱いに窮することもある。たとえば一人の比較的細かい手作業の得意なクライエントに対して，「あなたみたいに上手にかけないからここに来る資格がない」と2人が訴え始め，屈折した攻撃性が噴出し始めたことがあった。このような場面の取り扱いについては集団療法の理論背景によって異なるのであろうが，筆者の経験では以下のような点をこころがけた。そこでは成人のグループセラピーのようにグループダ

第5章 痴呆老人とのアートセラピー　95

イナミクスを扱うことによってそこから内省や気づきに向かうよりも，アメリカのアートセラピストたちがよく言葉にするように"Go back to the art work！"つまり，芸術創作（作品）に立ち戻ることの方が，高齢者の場合は有用だと感じることが往々にしてあった。つまり，グループダイナミクスのなかで起こる葛藤や感情体験の言語化を押し進めていくことで洞察を期待するよりも，むしろ話が絵から離れて人間関係の話題になりすぎた場合は，なるべく本人の作品や創作の方に戻すのである。先ほどの例でいえば〈そういうあなたのかいたもので好きな部分をひとつ他のひとにきいていきましょう〉とか〈どんなところが上手なのだと思うのかおしえてください〉などと実際の作品をみて話すのである。これは決して「話題をそらす」のではなく，アート上でコミュニケーションするプロであるアートセラピストたちが，自分の土俵に戻すことを意味しているといってよいであろう。

　このように創作自体からもたらされる効用とその後のグループダイナミクスがうまく利用できたときにこのグループは真価を発揮すると思われる。

（2）課題の例
- コラージュボックス法：通常の切り抜きを入れておく以外に，五感を刺激するようなものも入れておく。自然のもの（小石，貝殻，木の葉，羽など），布切れ（毛糸，モンペや和装の生地など），また時には，お香などの嗅覚を刺激する素材も入れた。ある時，たまたま女性雑誌の香水の試供品がでてきて，その香りに刺激され図のような性的な作品（図1）が出来上がり，自分の結婚や素敵な男性職員に話が及んだこ

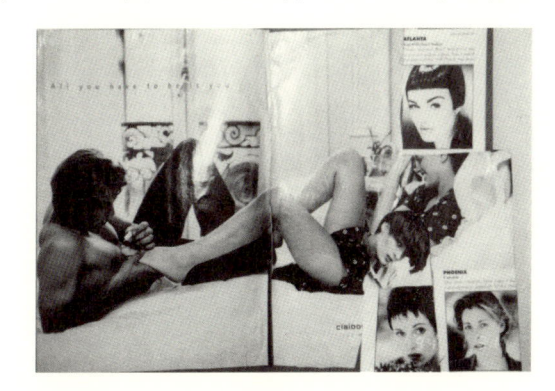

図1

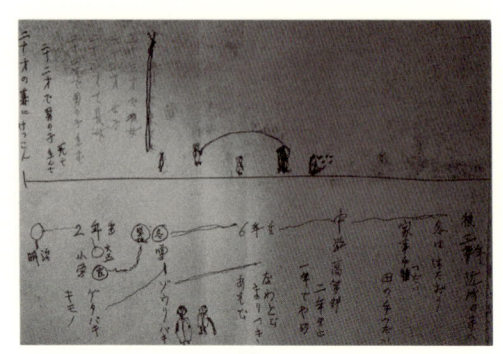

図2

図3

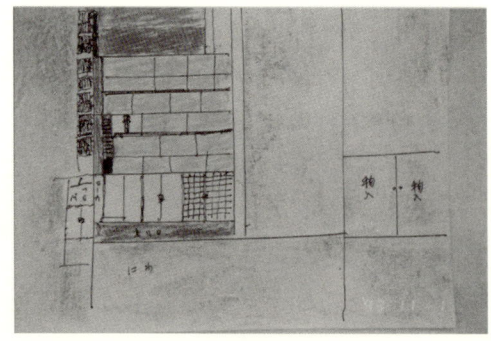

図4

ともあった。
・ライフライン（人生曲線）：画用紙を2枚横につないで中央に横軸を書き，そこに左端に誕生，右の適所に今を位置づけ，自分の生きてきた人生を曲線で表し，そこの上下に文字や色，コラージュや絵を書き込むという長期記憶を活用する課題である（図2）。
・かつて住んだ家や風景（画用紙を半分に折ってトビラとなる表側の半分にかつて住んだ家の玄関を描き，そこを開くとなかに何があるかを描いてもらう（図3））。
・かつての仕事。
・間取り：自分の住んだ家の間取りについて思い出しながら描く（図4）。
・保管袋の表面に自分のシンボルとなるマークを描く，コラージュを

第5章 痴呆老人とのアートセラピー　97

　　貼る。
・心気的な訴えが多いことから，自分の体の感覚を感じながらそれを色や
　線や形で表す。

事例：Aさん（84歳女性　MMS 15点　長谷川式痴呆検査 18点）右麻痺，
　　　　糖尿病，脳血栓

　結婚後は主に農業に従事していたが，副業として呉服関係の仕事につき家計を支えた。施設入所以来，数年が経過していたが対人行動は比較的安定していて，適切な受け答えは保持されているが，片麻痺と視力の低下で他の活動は制限されがちであった。

筆者には別の個別面接の際に，息子らが面接に来ないことや同室者との軋轢を中心とした話を訴えたので，なんらかの感情表出や言語的な交流の必要性が感じられた。

　GATにはオープングループのときから継続的に参加していたが，特にこのグループになってから，常時「無学やから絵なんかかけない」「手がバカなので他の患者のようにできない」など低い自己評価を訴えつづけ，他者の作品の模倣が頻繁にみられた。たとえば図5は他者の絵（図6）をまねたAさんの作品であ

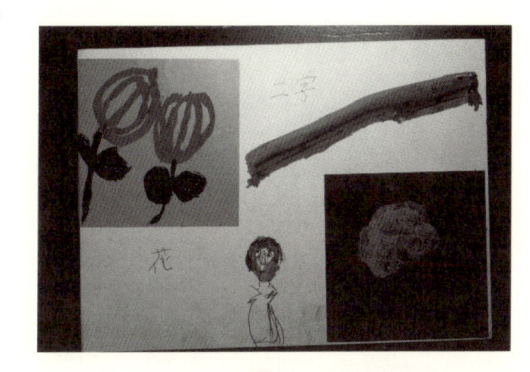

図5

図6

図7

図8

図9

る。

　しかし4,5カ月が過ぎたあたりで,セラピストのくり返しの奨励や他のメンバーからの評価などによって徐々に自分の作品を受容できるようになり,後期においては自由画でも,なんらかのヒントがあれば独自に制作できるようになってきた。たとえば,コラージュは当初のもの(図7)より構成や順番を考え,少し待ってから表現したり,コラージュからイメージや記憶が喚起され,付け足して表現する(図8)ようになった。また色の選択や命名についても多様化が進み,集中している時間が増加し,自ら新聞チラシをコラージュの材料としてもってきたり,廊下の絵画に関心を示し,あれを模写したいと創作に対する意欲をみせるようになった。また再生された記憶から,かつては縫子をしていたこともあり,お寺さんに頼まれて黒い紋付

表1

前行動	新しい達成
自分の作品を卑下する	自分の作品を満足に思う
固定化した，融通のない描き方	変化に富み，多様な描き方
紙面上に描かれた占有率が小さい	紙を埋める部分の増加
色の選択に頓着がない	色選択への注意
線や形が単純	さまざまな線や形を試せる
他の人の作品に興味を示さない	他の人の作品に対する興味が出現
机上の画材や道具への無理解，無関心	欲しい画材や道具への積極的選択
画材操作の経験や知識がない	画材に関する知識や取扱いの習得
注意の持続が短い	集中する時間が長い
作品に対する評価の質が巧拙のみ	作品に対する評価が多様になる
参加の日時を記憶していない	参加日時を記憶して自ら参加する

を縫っているところ（図9）などの言語化も徐々に行われていった。

(3) GATの評価について

GATでは個別に立てた小・大目標に沿って，約1カ月ごとに表1のような項目について評価し，それ以降の方針を立てていった。

(4) 痴呆老人特有の問題としてのアートの提供のしかた

アートセラピーではその非言語性が直接的な影響をもつのであるが，逆にいえば，微妙な変化にも動揺しやすい痴呆老人の場合には，過剰な負担をかけず混乱を招かないようにするためにも，画材の誘導や巧拙の問題に関して以下のような配慮を要すると思われた。

1）画材選択の一般的注意と使い勝手の問題

一般的なアートセラピーの常識でいえば，フィンガーペインティングや水分の多い粘土などは退行状態を引き起こしやすく，より無意識に近い原初的なものが表現され，逆に，鉛筆や雑誌からのコラージュなどの素材はより安全で統制の利きやすいものとされている。筆者も痴呆老人に粘土と水を提供

したところ，こねまわしと茶色の彩色による退行がみられ翌日から失禁が著しくなったケースなどを経験している。治療対象となる個人のレベルがわからない場合は，できるだけコントロールの利くものから始めるべきであろう。太めのサインペンなどは視力や握力が弱くても紙面にはっきりと写し出されるが，上手下手が気になる人には不向きであろう。

　また身体的な障害を考慮して，とにかく使い勝手のよいような画材や設定に配慮する必要がある。片麻痺の場合はスティックでなく，ふえきのりとタオルを用意する必要があるが，とりわけ筆者は机上の好きな画材を手許に引っ張るためのカマボコ板つきスティックをつくり，まずは自分の欲しいものを引き寄せる行為をできるだけ奨励した。

　2)「もったいない」について

　これは高齢者特有といえるかもしれない節約の美徳にまつわる問題である。しかしこれは同時に自己表現のために資源を犠牲にすることへの罪悪感が自己否定感とも関連していたり，また「紙をドンドン使う」ことや「絵の具の流出」などの行為は，とめどなく押し寄せる喪失感や Spilling out（流出）をほのめかすのかもしれない。いずれにせよ，節約の美徳を尊重しながら，実際に「紙を両面使う」「卵パックをパレットにする」などの一方で，上記の心理的な背景に配慮する必要がある。

　3) 巧拙の問題

　特に痴呆の有無にかかわらず高齢者において必ず問題となるのは「絵なんかかいたことがない」「うまくかけない」という非常に強固な訴えである。

　まずその訴えが心理的な自己否定感，無能感と象徴的に結びついている可能性を感じながら〈できないと思うのはつらいですね〉と共感したり，〈片手がつかえないのによくそれだけできますね〉とポジティブにリフレーミングするなど，その訴えの背後を聞きとり根気よく返していくことが必要である。それと同時に重要なのは，この空間が立派な作品を創るためのいわゆるお絵かき教室と異なることを直接的，間接的に何度となく根気よく伝えていくことである。筆者の場合は〈きれいなものではなくて，自分にぴたっと来るものを創る時間であること〉〈他者の作品をほめる時には「うまいね」だ

けじゃなくて，どこがどんな風に素敵なのか伝えるようにしましょうよ〉と言って，できる限りグループの規範や個人の表現の尊重を継続的に伝えていくことにつとめた。

　ショア（Shore, A., 1997）は，痴呆老人の身体的，認知的な障害による特有の創作上の実際の困難性（struggle）を肯定的なものとしてとらえ，クレイマーの言葉を借りながら，この困難性が心理的に発展的な変容を喚起し，昇華をみちびくためには必要不可欠なものと論じている[3]。前述の事例のAさんの場合も，うまくできないという劣等感を抱えていたが，セラピストがその絶望感をうけとめ踏み止まりながら，どうやったら満足のもてる作品になり得るかについて，何度となく援助したことが効を奏したといえよう。そのためには精神的な援助もさることながら，視覚的な美意識を変化させるように働きかけうるような技術的な介入も時には重要であった。たとえば，クライエントが描いた最後に黄色系のスプレーをかけてクライエントの描いたものを浮き立たせ「みかけのよさ」に加担したり，またあらかじめ画用紙を水でぬらしておいて，その上に描いて色のにじみの表現の美しさを一緒に体験したこともあった。

　しかし基本的には巧拙を云々しなくてもよい課題を提示することが必須である。たとえば，初期に絵の具で撥線を試し描きをするときには，まっすぐ描かず，クネクネした線を描くように教示することでパーキンソン系の震顫による線の震えを肯定的に評価するとか，できればパステルをもちい，境界部をわざとこすって輪郭をはっきりさせなくても構わないような課題なども有効かもしれない。

2. 個人療法的なかかわりによる痴呆老人の心の深層へのアプローチ

　ここまでは施設内で行うGATという枠での痴呆老人対象のアートセラピーについて，方法論と事例を呈示して検討してきた。では，外来通院で個人セッションの形式をとる場合には，どのようなアートセラピーが考えられる

だろうか。

　ここで紹介する事例[4]は，クライエントとのアートセラピーに妻も参加してもらう形式をとったので，正確には個人療法といえない。しかし，初期アルツハイマー病の人が経験するであろう，外面には顕れにくい心理が，アートの制作過程と作品群とに明確に反映されている点，クライエントが不安や葛藤をアートと物語を介して表出し解決するに至った点でこの事例をみていくと，集団療法にはない治療効果の可能性を提示できるのではないかと思う。

　事例：Bさん（58歳男性，長谷川式痴呆検査25〜26点）
　　　家族歴：母，妻，長女と同居

【症歴およびアートセラピー開始までの経緯】
　X年12月，発症後約3年が経過した時点で，クライエントは妻と一緒に精神科外来を訪れた。来院前に他の病院で脳検査を受け，アルツハイマー病と診断されていた。クライエントが精神科を訪れた理由は，痴呆症状の治療以上に，職場からの引退を巡って彼が被る心理的苦痛に対してケアを受けることにあった。このクライエントはある知的専門職に就き，キャリアと地位を築いてきた人だったので，本人が主体的に引退を決断できる状態でないことが，職場を含めた周囲で問題化していたのである。主治医の精神科医は，クライエントが仕事を辞めるに当たり，何か新しいことを始めてはどうかと陶芸の習得を提唱した。思考力の低下は否めなくても，残存する脳機能を生かす意味で，陶芸は彼に可能な行為であり，それが病気を治癒するものでなくても彼を精神的に支えるために役立つと考えたのである。クライエントと妻はその案に関心を示し，X＋1年3月より筆者と定期的に会う運びとなった。クライエントと妻は主治医との面接に同伴していたため，自然な流れとして筆者とのアートセラピーも同様の形式をとった。23回の面接を通して，クライエントは8つの作品（群）を制作した。以下は各作品の制作過程の描写である。

【粘土1】第1・2回「神社（ローマ遺跡）（図1）」

　診察では主治医が手本に作ったカンガルー像に影響を受けたのか，夫婦で動物や人物を作っていたので，第1回の面接では，何でも好きなものを作るよう提案し，〈粘土の塊を手にしてしばらくこねている内に，何かのイメージが浮かんできたら，それを形にすればいいのですよ〉と自由連想的な手法を示唆した。素材は白色石塑粘土と，25色の固形絵の具セットを使用した。

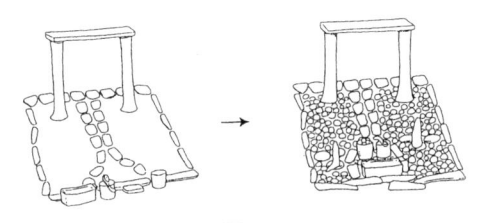

図1

　クライエントは粘土をこねながら，子どもの頃から無骨でスポーツに熱中し，美術は全然駄目だったという思い出をおかしそうに話した。エピソード記憶の出現である。

　クライエントはまず高さ10cmほどの円柱を2本作り，妻と旅行した時に見たローマ近郊の遺跡を思い出して，それを再現しようとした。しばらくしてその柱が神社の鳥居のようにも見えることに気づいたが，ここで短期記憶障害による混乱が生じ，「ローマの遺跡」と「神社」との2つの主題が入れ替わり現れた。クライエントは柱の下に石畳を敷き，手水鉢（賽銭箱），水飲み台，柄杓などを丁寧に作った。アイテムの意味づけが何度も変わり，その都度作品全体の説明も揺れ動く現象は，その後の面接でも特徴的にみられた。彩色段階になるとクライエントは依存的になり，セラピストに援助を求めるようになった。セラピストは色の説明にとどめて，作品の巧拙は問わないこと，自分の好きなように作れば，オリジナリティが作品に表れて素晴らしいのだと話し，〈これは先生（クライエント）の作品ですからね〉と自律性をやんわり促した。

　2回目の面接では，クライエントは箱に前回作ったものを移し入れ，底面に砂利を敷き詰め，アイテムを増やした。アイテムの意味づけや作品の説明が新しく何度も変わり，クライエント自身もうっすら気づいているようだった。

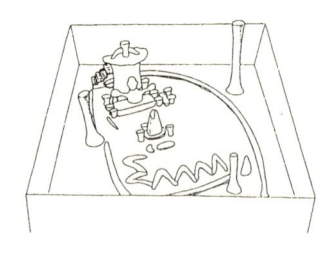

【粘土2】 第3・4回「ソクラテスのいる作品（図2）」

第3回の面接で，クライエントは最初に小さな直方体を作って「墓」を連想し，次にもう1つ三角形の墓を作り，墓の主同士が不仲であったと説明した。妻は墓を作る案に難色を示したが，クライエントは三角形の墓を「坊主」に見立て，それに合わせてアイテムを増やしていった。両腕を広げた人物の半身像を作り，最終的に「ソクラテス」に見立てた。死刑によって命を絶たれた「ソクラテス」が登場したことは，「墓」や「坊主」と並んでクライエントの感じている悲壮感をセラピストに強く印象づけた。

図2

4回目の面接では，竹べらや爪楊枝を初めて用意したが，これを器用に使い，緻密な仕事ぶりで人物像の周りに道をつけた。また作品全体の周囲に外郭を作り，全体を「ローマへの道」と名づけた。台座とその昇降用の円柱2本を奥に作り，「ここ（円柱）を人が登り，台座の上から縄を投げてもらって，降りるときは『えいやっ！』と跳ぶと，どこかの部屋に引っかかって降りれるんです」と説明した。これは，昇りつめた人生行路からの飛び降りの能動的決意をセラピストに連想させた。それはクライエントが今周囲から迫られている決断の予感でもあった。

【粘土3】 第5～10回「戦争をテーマにした作品（図3）」

第5回の面接で，クライエントは田舎で過ごした青年時代の話を熱心にして，「私は博労（ばくろう）の息子です」と言った。田舎へ帰りたい気持ちは，以後の面接でもしばしば表明された。この会話は，クライエントが自らのアイデンティティを確認していく作業であったろう。この日も彼は新たに柱を3本作った。

6回目の面接ではその柱が「門」と認識された。この日クライエントは犬とワニと亀を作った。門の前に動物を並べ，「『ここからは入れさせないぞ！』と言っているんです」と言った。また「この3匹は『餌をくれ！』

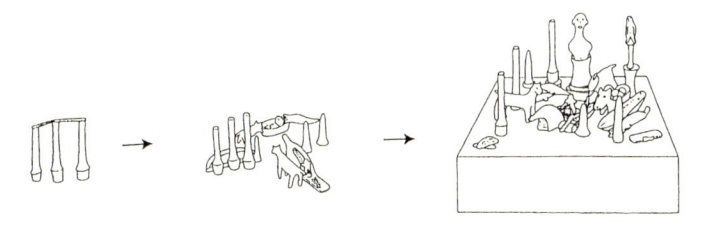

図3

と嘆いている．人権を無視されているんです」と言った後に，水飲み場を作って「動物はやっと水を飲ませてもらって喜んでいる」との説明もあった。しかし最後には，他のアイテムを用いて，攻撃者が亀を襲おうとしている，犬とワニが亀を食べようとしているとも言った。セラピストには，クライエントが「自分の中の侵されるべきでない尊厳に関わる部分が脅かされており，それを守ろうとしている」と感じられた。「この人降ろし」が周囲で盛んな時期であった。

次の面接では，丁寧な細工を施しながら砲台を作り，次いで「水雷」型の砲弾や砲撃手を置いた。その間，週末に訪れた田舎での出来事，戦争時代の思い出などについて話した。学校時代を振り返って，自分は常にリーダー的な存在だったとも言った。

砲台が加わったことにより，誰と誰とが敵味方なのかわからない混乱した「攻撃」「闘争」というテーマが説明の中に色濃く出てきた。実際，彼の親友や家族までが「この人降ろし」に関わっており，またその足並みは必ずしも揃っていなかった。

8回目の面接で加わった新たなアイテムの中では，動物たちの頭となる「ジュリアス・シーザー像」に特に意味があった。シーザーを中心として説明が展開し，戦争，和睦などのテーマが出現して，クライエントが危機に当たって感じている緊張，外界からの圧力を反映しているように思われた。シーザーは子飼いのブルータスらに殺された英雄である。若き日クラスリーダーであったクライエントは，初老の今でも堂々とした「シーザー」の風格があった。

第10回の面接では，前回までにできたアイテムを箱に移した後，新たな人物像を作って，シーザー像と対置した。「（作品が箱に入っているのは）檻の中みたいで嫌だねえ」と言った。檻の中にいるシーザー像は，八方塞がりの状況にいるクライエントの不本意を表しているようだった。

この頃からクライエントが作品に対して自信をもち始めて来た様子が制作過程の中で窺えた。他方，実生活ではいよいよ職場からの引退が近づいており，クライエントは精神的にかなり追いつめられていた。

【粘土4】第11・12回「塔（図4）」

妻が主治医との面接で作った牛の像に倣って，「牛」に挑戦したが挫折し，再び柱状の物を作り始め，最終的に「塔」になった。この塔が少し傾いて立っていることからクライエントはピサの斜塔を訪れたことを思い出し，それからエッフェル塔に登って怖い思いをしたこと，高所恐怖症であることをおかしそうに話した。それに加えて母親についても触れ，「いまだに怒られます。怖いですよ」と言って笑った。

男性的象徴・権力・力強さを表している塔は，クライエントが生涯を通してとってきた態度，築き上げたものの象徴といえよう。高校でラグビー中心の青春を送ったクライエントは，塔の横に置いた妻の牛像を「こって牛（去勢されていない種牛）」だと何度も強調したが，それは塔の意味の強調であるとともに，クライエントが妻という補助自我の存在に支えられて立っていることを示唆しているのかもしれない。後の面接でクライエントがこの作品を見て，「『ここから飛び降りれます』と書いてあるんだな」と言うが，超男性的な態度から撤退がやむを得ないことの自覚でもあり，この「跳躍」を行う勇気があるという，それ自身が男性的な態度の表れであろう。ここに諦念をも含んだ自己尊敬の回復の徴候が読みとれよう。実際，第12回面接の後，流れは大きく変わる。夫妻は四

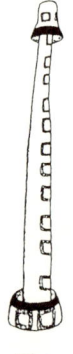

図4

第5章 痴呆老人とのアートセラピー　107

国を旅行する。

【粘土5】第13～16回「港（図5）」
　第13回では，週末に行って来た四国の話を嬉しそうにしながら橋の制作を始めた。橋はいくつかの部分を接合して作られ，その上に杖を持った弘法大師が乗せられた。
　クライエントは次の面接で，苦心しながらも小さな船を作り，さらに橋に船着場を接合させた。作業の合間に戦中時にあった船工場や外国で見た戦艦の話を生き生きと語った。先回，弘法大師だった人物像は，「女神」や「水先案内人」になった。
　第15回の面接では，船着場を一部解体し，新しい部分を作って接合して，「港」へと作品の規模を広げた。その日，クライエントは自らカメラを持ち，面接室の棚に置いてあった今までの作品をすべて写真に収めた。
　16回目の面接は，ちょうど職場において仕事の引き継ぎが集中的に行われていた頃に行われた。この日クライエントは試行錯誤を繰り返しながらアイテムの配置を工夫し，最終的な配置が決まり，新しく作った船を加えると，「特攻隊みたいな」「太平洋戦争がまだ残っているのですね」と言った。また妻の作品である腰に片手をあて，口を開けた埴輪のような人形を見て大変面白がり，同じポーズをとって「この人は『もういい加減にしてくれ』と言っているんです」と冗談めかして言った。
　この発言や，作品の一部分を見て「山本五十六は縛り首になったんだろ」と言ったことに，クライエントの深層心理における絶望感が窺える。しかし「戦闘」「闘争」のテーマが引き続きみられ，葛藤の強さを示唆する一方で，作品の中に「交通」のテーマ，すなわち動きと広がりが出てきたことは，ク

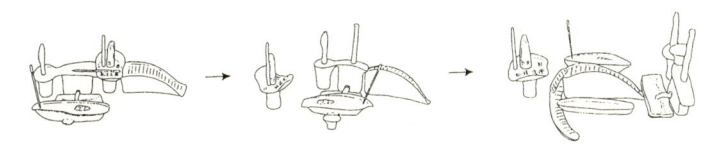

図5

ライエントの心理状態に新たに生じた変化を表しているといえよう。

【粘土6】第17回「野辺山駅（図6）」
　夏の初めにクライエントと家族は信州を旅行した。クライエントは現地で何をしたのか憶えていなかったが，妻の口添えもあり，「野辺山駅」へ行ったことを話題にした。彼は駅のそばに石碑と古い列車が置いてあったと主張して，それを再現しようとした。「本当なら汽車を作りたいんだけどできないから」と言って，石碑に「日本国の最高位置に存する列車」と書き入れた。
　「日本国の最高位置に存する列車」は，クライエントが人生において達成したものについて，それが一種の不滅性をもっていることを諦念の中で肯定しているように見えた。それは孤独な傾いた「塔」ではなく，がっしりとした石碑で，万人に向けて宣言を放っており，クライエントが達成に満足し，引退を受容する心理的準備ができつつあることを自ずと示していた。

【粘土7】第18～20回「島と船（図7）」
　夏休み，夫妻による海外旅行などで，間隔のあいた面接が続いた後の第20回の面接では，それまでに作った島と船に加え，新たに船を2隻作った。戦争中に軍艦などが立ち寄っていたという小島の話が話題に上り，作品との関連性がみられた。
　クライエントは最初の作品から「道をつける」ことを大事にしてきたが，この作品では船が走り，水先案内人（太った人物）がいることで，さらに動きが豊かになった。船の出入口は意図的に確保されており，もはや「檻」か

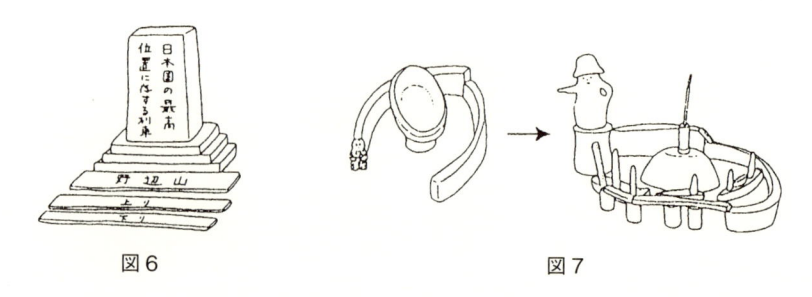

図6　　　　　　　　　　　図7

らは遠く，新しい生活への安心感の増大と積極的な姿勢を暗示している。夫妻で敢行した海外旅行は，まさにその表れであろう。

【粘土8】第21〜23回「スターリン（図8）」
　作品【粘土7】の後，クライエントの家族の都合で面接が約2カ月間中断した。第21回目の面接でクライエントは面接室の棚にある過去の作品を眺めて，「いや，これを見て思い出した」と答え，それまでより大きめの粘土の塊をこね出した。塊は船のような形になったが，結局「船」と「人の顔」が混在することになった。爪楊枝と黒絵の具で表情をつけながら試行錯誤を重ねる内に，その顔が「スターリン」に似ているということになり，スターリンの表情を一生懸命思い出して再現しようとした。途中何度か，「こんな変なもの作ったら先生（主治医）に怒られるかな」と笑いながら言った。その一方で，スターリンは死ぬ前が一番優しい顔をしていた，若い頃にスターリンのようになりたいと思ったと，「スターリン」が象徴すると思われる権力志向性や孤独性に自己同一視していた回顧があった。そして像の裏側に「スターリン若かりし頃」と書き込んだ。
　この日妻は棚の作品を箱に詰めて持ち帰る用意をしてきた。クライエントは，「家のばあさんが見たら喜ぶぞ。『おまえはこれからどうしていくつもりだ』と聞かれるかもしれないぞ」と自己の創作物を母親に示せることを喜んでいた。それは学童期の子どもの喜びのようであったが，「良性の退行」とみてよいだろう。
　第22回面接でクライエントは作品を手に取り，「これは航空母艦なんですねえ。ここに砲台を付けると母艦になる」と言った。大砲を加えると，今度はスターリンの表情が優し過ぎると言って，顔の修正に強いこだわりを見せ，別室で自分の顔を鏡に映して改良を試みるなどした。その間，「このスターリンは優しそ

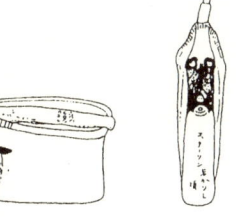

注）右は裏側から見た図

図8

うだから，これ（砲台部分）は鉄砲じゃなくて拡声器だ。人が『やあ，この船には立派な大砲が付いていますね』と言ったら，『いやいや実は拡声器なんですよ』ってことになるな」との冗談もあった。クライエントのユーモアのセンスは，「戦艦」と「スターリン」が象徴する力の立場のもつ硬直的なイメージを変え出したようであった。なお「拡声器」には「声を大にして叫びたいことがある」という意味があるだろう。

　次の第23回面接では，クライエントは再びこの像の顔の表情にこだわり，「怖い人だったから僕はあまり好きじゃなかったんだけど」と言いつつ，スターリンがどのような晩年を迎えたか思案を繰り返した。セラピストが百科事典を開き，スターリンの顔写真を示すと，彼は写真に忠実になるように絵の具で丁寧に修正を施した。その時クライエントの言った「なんだかがっかりした顔になった。覚悟ができている顔だ」という言葉を通して，彼の潔い諦念が感じられた。

　この日，妻が家族の事情を理由に再び面接の休止を申し出た。X＋1年12月，アートセラピーを開始して9ヵ月が経過していた。セラピストは妻の報告からすでに職場の引き継ぎが穏便に終了したこと，クライエントは自分の成し遂げてきたことに満足している様子で，気難しさが取れてきたこと，今は夫妻で旅行や音楽鑑賞へ一緒に出かけるのを楽しんでいることなどがわかっていた。またクライエントは自ら，ギターを弾いて母親に聴かせたり，水泳をしたり，面接で作った作品を自宅に飾って人を驚かせたり，置き換えを楽しんだりしていると語った。クライエントが葛藤を，その器質的ハンディキャップにもかかわらず，あえていえば成熟した成人として解決し，新たな生活を始めつつあると判断して，セラピストは妻の申し出に同意し〈また来たいと思われたらいつでもいらして下さい〉という形で面接を締め括った。これが最終面接となった。

　クライエントは最後の作品となったスターリン像を病院に残していった。「死」を思わせる青ざめた顔のスターリン像を置いていったこと自体に，クライエントが人生のある段階を終結させ，次の段階へ移行していく過程での一つの象徴的行為だったように思われる。その後の夫妻は故郷へ隠棲した。

第5章　痴呆老人とのアートセラピー　*111*

【事例についての考察】
　この事例の特徴は，アルツハイマー病を患ったクライエントが過去を回想し，アイデンティティを確認するという展開を示すだけでなく，クライエントが粘土作品に葛藤を投影し，「周囲は敵か味方か？」という疑念を呈し，無念さを吐露しながらも自らの達成を確認する過程で葛藤が解決され，クライエントは潔い諦念にたどり着き，心理的にも実生活においても新しいステージへと移行するという治療経過をたどっている点にある。クライエントが作品の説明として語る個々のエピソードは，記憶障害に阻害されて表面的には混乱したものに聞こえるが，象徴表現をメタファー（隠喩）として解釈すると，連続性を帯び一貫したテーマをもつ物語として理解でき，クライエントの心理とその変容とがみてとれる。
　本事例において筆者がセラピストとして面接中に配慮したことは，クライエントの話が極端にエスカレートして逸脱したり，話の辻褄が合わなくなってクライエント自身が困惑することのないように気をつける一方で，クライエントの語りとイメージの流れを妨げないようなコミュニケーションをとることである。クライエントは作品中の世界と現実との区別をつけられていたが，粘土という退行促進的な媒体を使用していたこと，短期記憶にも障害が出ていたことから，話がどう展開するのかはらはらさせられる向きがあった。セラピストの配慮に加え，補助自我としての妻の参加にも支えられ，クライエントの会話は会話として，物語は物語として収まったのだと思われる。また，粘土は創造的な退行を促すだけでなく，衝動を吸収し，適度な制限を与える特性もあるため，クライエントのイメージを可視的でまとまりのあるものにし，物語を成立させるのに貢献したといえよう。
　心理療法においてクライエントの無意識が「物語」形式によって立ち現れてくることを多くの心理臨床家が指摘している。本事例のクライエントの語りは粘土製のアイテム間のつながりをつけ，個々のエピソードを物語へと発展させる役割を果たしている。クライエントは言語だけでなく，人物像・動物像の通る道や船の航路をつくることによって，物理的，可視的にもつながりをつける作業を行った。河合隼雄（2001）は，物語の機能の中でも「つ

なぐ」ことについて,「一見無関係のように見える事象が,『つなぐ』ことによって『物語』になるし,その『つなぐ』行為によって,物語る人の主体がかかわってくる」という[5]。本事例も実生活においては主体を脅かされる状況にあっても,面接の場では,作品を創造し,物語に沿ってそれらを動かす主体として機能したことに意義があったと思われる。

　小澤勲(1998)は,初期のアルツハイマー病患者に抑うつ症状を併発する事例が多いことについて,患者の抱える漠然とした不全感や病感との関連性を指摘している[6]。本事例についても,自分の健忘癖については若干の言語化が認められたとはいえ,基本的には病識が薄い中で,自我の解体過程に対する意識下での不安の強さは計り知れないものがあったと感じられた。このようなクライエントの不安をアートを媒介に丁寧に扱い,たとえ病を患っても一個の人間としての尊厳が保たれることを保障する意味で,個人アートセラピーは有効な治療法となりうるといえよう。さらに,痴呆患者の主たる介護者となる人がアートセラピーに同席することは,意義のある方法だと思われる。本事例の場合,引退を巡って周囲への不信感を募らせていたときに,妻と共同作業を行う場があったことは,信頼と絆とを確認する機会となったであろう。痴呆を患う高齢者と心の深層で交流していくためには,彼らを二重三重に抱える治療環境をつくり出すことが必須である。

おわりに

　アートセラピーは,言語だけを用いる心理療法とは異なり,画材から触覚や嗅覚が喚起され,視覚刺激に反応して手を動かすという身体活動にあずかるところの大きい方法である。認知機能の障害された高齢者に対してこのようなアプローチを試みると,言語表現ではとうてい理解できようのない,さまざまな表現や無意識のメッセージなどが浮かび上がることが少なくない。それまでの長い人生にまつわる多様な情報が作品の中に内包されるのである。

　しかしそういった内的世界が映し出され,それが意味のある表現として雄弁に語られるためには,十分に個々人の身体,認知レベルを吟味しそれに

あわせて画材選択や準備設定を行う必要がある。聴力や視力，痴呆の程度，ADL，さらに人生経験からくるところの創作，表現形式は人によって大きく異なり，きわめて個別性が高いものといえよう。

今後もさらに多様な実施法が試みられ，その評価などの検討がなされることが望まれる。

引用文献

1) Kramer, E. (1971) Art as Therapy with Children. Shocken Books, Inc.
2) Allen, P. (1995) Coyote Comes in from the Cold: The Evaluation of the Open Studio Concept. Art Therapy, 12(3); 161-166
3) Shore, A. (1997) Promoting Wisdom: The Role of Art Therapy in Geriatric Setting. Art Therapy, 14(3); 172-177
4) 内藤あかね・中井久夫 (1995) 粘土制作による葛藤の解決　早期初老期痴呆患者への芸術療法　日本芸術療法学会誌　26(1); 64-74
5) 河合隼雄 (2001)「＜総論＞『物語る』ことの意義」講座心理療法第2巻　心理療法と物語　岩波書店
6) 小澤　勲 (1998) 痴呆老人からみた世界　岩崎学術出版社
7) 檮木てる子他 (1998) 回想法を用いた痴呆性老人の集団療法　心理臨床学研究　16(5); 487-496

第6章 ターミナル領域におけるコラージュ法

中原 睦美

はじめに

　心理療法による援助活動の可能性は広い分野にまたがる。ターミナル領域においても，死と向き合うことや対象喪失，自己受容といった心理的問題に関する援助の必要性は高い。臨床心理士をはじめとする臨床心理学の専門家の参入も徐々に増えてきており，治療技法も言語を中心とする心理療法に加え，箱庭療法，スクィグルといった表現療法の導入や工夫がなされている。また，コラージュ法を導入した援助活動やその検討も始まっている。この領域での臨床事例の研究報告としては，匹田幸余（1999）による，ある末期がん患者との22回のコラージュ作成を通し'感謝の念'に至った過程を丁寧に述べたもの[1]や，同じく末期がんと診断された2事例を通して，外科領域での心理療法においてコラージュ・ボックス法を導入した治療的意義を検討した中原睦美（2003）のもの[2]があるが未だ希少である。
　コラージュ法には，ピクチャーマガジン法，ボックス法をはじめ，さまざまな方法がある。ここでは，外科領域でターミナル期にある人を対象にコラージュ・ボックス法を導入した事例を中心に，二枚法や集団コラージュ法の具体的実施法とその留意点について述べる。

1. ターミナル領域における心理的諸問題

　ターミナル領域で心理的援助を行う舞台となるのは，精神科以外の一般診

療科目の病院であることが多い。しかしながら，そこでは身体医学的治療が優先され，専門的な心理的援助は黎明をみてこなかった。近年，リエゾン精神医学やサイコオンコロジー概念の発達に伴い，精神科医のみならず臨床心理学の専門家の参入もはじまっている[3)4)]。一方で，2004年の現段階でも，資格問題が絡み，臨床心理士といった専門家が積極的に関与することには課題が残っている。ターミナル領域で，心理的援助が必要とされる人（以下，クライエント）への関わりを考えるにあたっては，このような外的枠組みの問題をも念頭におく必要がある。

　ターミナル期にあるクライエントの身体状態は不安定であり，通常の心理療法の技法に加え，心理療法の枠組みを外しつつそのクライエントに合った新たな枠組みを作る必要がある。ターミナル領域では，抑うつや不安が問題とされることが多く，治療法も抗うつ薬などの薬物療法が主流である。これらの抑うつ，不安，恐怖などに対しては，通常の精神科臨床で目にするものと異なる精神構造を考慮する必要がある。死を意識せざるをえない重篤な病に罹患することは，本人にとっては不測の事態に巻き込まれる体験である。そこからさまざまな精神症状が引き起こされていることが多く，これらの背景には，PTSD（外傷後ストレス障害）に類似した体験がなされていると推察される。つまり，その状況下では，誰もがなりうる不穏状態であると考える必要がある。換言すると，がんなどの重篤な疾患を発症する以前は，精神科的エピソードが特に認められない健常レベルにあった人が大多数である。そのため必要であっても心理的援助を受けることが'恥'と受け取られたり，精神病と思われるのではないかという拒否感や抵抗感を生み出したりする一因となることは珍しくない。病前の精神心理面が健康であったがゆえに，罹患を契機にあらたに派生する心の痛みがあることを十分理解しておく必要がある。それでもこれらの精神症状が見逃されることは問題である。日々の生活や治療を阻害し，自殺念慮につながることもある。このことからも，薬物療法などによる専門的な精神科的治療が必要であることはいうまでもない。

　一方，罹患を契機に潜在的に有していた人格的問題や，先延ばし，あるいは抑圧してきた心理的・発達的課題が再浮上することもある。精神病に罹患

している人がターミナル期を迎えることも当然のごとく生じる。心理的援助に関する方針を立てるにあたっては，クライエントの身体・精神心理面などを含めた慎重な見立てが必要である。

以上のように，ターミナル領域での心理的援助には特徴がある。これらを鑑みると，表現療法は心理療法への導入がしやすく，かつ独立した援助的技法としても優れた効果がある技法となりうるのではないだろうか。

2. ターミナル領域におけるコラージュ・ボックス法の臨床的適用

コラージュ・ボックス法（以下，ボックス法）は，森谷寛之（1988）[5]を嚆矢として，中村勝治（1999）[6]をはじめとする心理臨床家が発展させてきた技法の一つであり，臨床場面で幅広く用いられている。あらかじめコラージュに用いるパーツと呼ばれる雑誌などの写真の切抜きを治療者が準備するボックス法では，治療者がパーツを準備する時点で，クライエントとの関係性が生じている。心理療法の基本は言語による対話であるが，死への恐怖や不安は言語化しづらいものである。むやみに内面の葛藤を言語化することは，かえって内包する不安を高めたり，新たな不安を喚起したりすることもある。ターミナル期にあるクライエントが生への希望をもちたいという気持ちを，より安全な形で，ビオン（Bion, W. R.）のいう"container"[7]として存在しながら，不安や恐怖，あるいは心残りといった内的葛藤を語る手段としてコラージュ法は有用である。なかでもボックス法はクライエントと治療者との一対一関係を基盤とする深いレベルでの対話を可能にすると考えられる。

以下にターミナル領域でのボックス法の特徴と有用性について述べてみる。

(1) 用具の持ち運び性

固定した心理面接室が完備していない状況で心理療法を実施する場合や，クライエントの身体状態によっては面接室での心理面接が不可能な場合でも，持ち運びできるため実施が可能である。本人が希望すれば，術後や重症化した場合でも，治療者の援助によってコラージュ作成は可能である。ただし，

病室で行う際は周囲の同室者への十分な配慮が必要である。
　(2) 自己治癒力の促進
　箱庭療法同様に，前意識レベルで作成されるため，自己治癒力が促進されることが治療仮説として挙げられる。死への不安や恐怖感，怒り，心残りといった「弱い面」とされがちな心情を，馴染みのない他者に開示することには抵抗を抱きやすいものである。死をめぐるテーマの重さもさることながら，これらの葛藤を口にすることは，死の恐怖のなかで踏みとどまろうとする努力が崩れてしまう（「がんばりが効かなくなってしまうのではないか」）という不安をも喚起することが予測される。治療者によって準備されたパーツは，そのクライエントが本当の意味で課題とし，扱いたいテーマや，心情や葛藤を表現する手段となりうる。また，生身が破壊されるなかで新たに創造していく作業は，クライエントにとって再生の作業につながると考えられる。
　(3) パーツの既存性
　パーツがあらかじめ準備されていることは，ターミナル期に置かれ，心的エネルギーが低下したクライエントにとって，創造活動するための心理的負担が少なく，かつ十分に内的世界を表現しうることを保証する。治療者が準備したパーツは，クライエントにとって未知の刺激として存在し，表現や創造性がさらに高まる。また，治療者がパーツを準備することは，治療仮説とも合致し，クライエントが自己の課題に向き合うことや，まとめの作業を促進することにつながる。
　(4) 対話性
　治療者がクライエントの内的世界に思いを馳せてパーツを準備するボックス法では，準備段階ですでに対話が生じている。コラージュ作成過程では，クライエントがどのパーツを選び（あえて選ばず），どのように配置するかといった作業のなかには応答が展開している。作品をともに味わいタイトルをつける流れ，そして裏コラージュを含めて，対話が深まっていくと考えられる。筆者が学生相談で関わった事例において，コラージュ作成後〈ほかに話したい事はありませんか？〉と尋ねたところ「今日はたくさん話したからいい」と語られたことがあった。この事象からも治療者のパーツ選択は，通

常の心理療法における語りかけや明確化といった技法を包含していると考えられる。ターミナル領域では，特に死や宗教的なものをめぐる言外の言といったものがコラージュに表現されやすい。この際，ボックス法という枠が安全弁として機能するため，より安全な形で対話が深まるのではないだろうか。

(5) 孤独感の補償

ターミナル期の援助が問題となる疾患のなかでも，がん性の痛みや不穏な身体状態は特に孤独感や不安感を強める。パーツが準備されていることは「他でもないあなたのために準備されている」メッセージを包含している。このメッセージは，死の恐怖や孤独感・孤立感に苛まれ，辛い思いを理解されたいクライエントの気持ちを受け止めていく一助となると考えられる。

(6) 治療者にとってのパーツの準備性

基本的なパーツの選択は，大体「季節を示す風景」「人物」「動物」「食物」「建物」「植物」「その他」などから20～30枚準備する。その中に1～2枚ほど「このクライエントには必要ではないか」と推察されるパーツを含めて準備する。このような手続きでパーツをあらかじめ準備することにより，治療者はクライエントの内的世界の理解を深めながらも，クライエントの世界に飲み込まれて自分を見失うことを抑制する機能をもち，ほどよい距離を保ちつつ傍らに寄り添い続けることを可能にする。クライエントの世界に思いを馳せる分，パーツの準備にはかなりの時間を要する。クライエントにとっても，楽しい作業である反面，言語による面接と同じくらいの心的エネルギーを要することがあることを付け加えておきたい。

(7) スタッフとの共有性

心理療法はクライエントとの守秘義務のもと実施されることはいうまでもない。しかし，クライエントと治療者が二者関係でのみ関わり，閉鎖的な治療関係に終始してしまうことは，特にターミナル領域では危険性を孕んでいる。クライエントが終末に向けて歩んでいくのには，家族や医師・看護師などの医療スタッフといった周囲の人びととの温かい交流が支えとなる。クライエントの内的世界を医療スタッフと共有することが必要と考えられる場合には，守秘義務を十分に確認した上で，医療スタッフとクライエントが作成

したコラージュを共有することも有益である。クライエントの内的世界への理解が深まり，生と死をつなぐ歩みに沿った上で，各々の専門的立場に立ったクライエントの援助のあり方を模索していくことにつながる。ただし，すべてのコラージュを提示する必要はない。そのクライエントにとって，医療スタッフとの共有が本当に必要かどうかを慎重に判断すべきである。

以上，ターミナル領域におけるボックス法の特徴を7点挙げた。ターミナル領域においては，ボックス法のもつ「用具の持ち運び性」「パーツの既存性」「対話性」「孤独感の補償」が，有用な援助的特徴といえる。

3. ターミナル領域におけるコラージュ・ボックス法実施の実際

基本的な実施法は，通常のコラージュ法と同様である。ここでは，ターミナル期において，特に留意することが望ましい点や臨床場面から生まれた二枚法に触れながら，具体的な実施方法について述べる。

1. 初回コラージュ
(1) 初回コラージュまでに

通常の心理療法同様に，カルテをチェックし治療状況や投薬（副作用状況を含めて）をはじめとするクライエントに関する情報を集めておく。家族構成，性格などに加え，ペットや趣味，特技といったクライエントが好きなものはパーツとして有用である。その一方で，治療によっては絶食のこともあり，その際は，食物のパーツの扱いをどうするかの判断が必要である。抗がん剤治療の副作用で脱毛が進んでいる場合や，手術で身体器官を喪失している場合など，それぞれの状況でパーツの選択には治療者の判断と臨床的センスが問われる。継続面接であってもカルテのチェックを怠らないことが肝要である。

この上で，ボックス法を実施する適応性を見立て，可能であれば本人に予告をしておくことが望ましい。もちろん，面接の流れで自然に導入する場合もあるが，その際も導入することへの適応性の見立てが必要である。

(2) ボックスの準備

ボックスの準備も通常と同じである。経験上，ターミナル領域では，「寺院」「地蔵」「教会」といった宗教性を象徴するパーツが選ばれることが多い。また，不安を表象するパーツも初回ではよく選択される。これらの場合でも，刺激の強い直截的なパーツでなく，京都の仏閣や飛鳥の石舞台など，刺激が少なく象徴的なものにとどめる方が，クライエントには扱いやすい。さらに「赤ちゃん」「子ども」といった世代をつなぐようなパーツや時間性を象徴するパーツも選択されやすい。ターミナル期にある人特有の心性を把握し，ボックスの準備に生かすことが重要である。

パーツの切り方やサイズなどに関しては諸説がある。少なくとも，身体という生身が破壊され深刻な対象喪失体験をしているターミナル期のクライエントを前にするにあたっては，切り口が「ぼろぼろ」「びりびり」といったように，慌てて破いて準備したようなパーツをボックスに入れることは慎むべきである。とくに，ターミナル期のクライエントは，「枯れる」「色あせる」といった死を象徴させるものに敏感になっている。これらのものがどれほど投影性が高くとも，心が傷つき病んでいる人の心の痛みを逆撫ですることになりかねない。これはプレイルームを常に心地よく掃除し，遊具をチェックしておくことと同様の臨床的センスである。他のはさみや糊などでも，使い勝手のよいものを準備することが肝要である。

筆者はこれらに加えて，別の箱に余分にパーツを準備している。準備する際に迷ったパーツや，今一つクライエントの内的世界を把握しかねている場合も含めて，少し幅広く準備する。そして，クライエントが作成している様子を観察しながら必要に応じて，さりげなく提示するのに用いている。

(3) コラージュ作成

コラージュ作成からタイトルをつけるまでの過程も一般と同じである。ここでは臨床場面から生まれた二枚法について具体的な事例を挙げながら述べてみる。

通常，迷っても使われなかったパーツは「裏コラージュ」として，台紙の裏に後で治療者が貼付する，あるいは次回のボックスに準備される。ターミ

ナル領域では，1枚目のコラージュがさほど内的問題が反映されておらず，また現実適応的であるにもかかわらず，選択に迷いがみられたパーツがクライエントの内的世界と深く結びついていると推察される場合，〈もう1枚作ってみませんか？〉とさりげなく勧めてみる。経験上，ここで2枚目の作成意欲をみせるクライエントの場合，1枚目と異なり葛藤を抱えた内的世界が見事なまでに表現されることが多い。ただし，二枚法はあくまでも治療関係のなかで導入を判断されるものであり，機械的に治療者の押し付けで行うべきではない。

事例1：女性　60歳台　胃がん疑→末期

治療者がたまたま病室に出向いた際，なんとなく元気のない様子が気にかかり，医師・看護師の了承を得て面接となった。カルテによると検査入院から2カ月以上確定診断がつかない状況であり，病棟では患者として特に問題は認めないとのことであった。心理面接の声をかけると抵抗や拒否はなく，むしろ救いを求めていたことが涙ながらに語られる。診断がつかない不安を中心に，心細かった気持ちを語る。コラージュ法を提案すると意欲をみせる。そこで作成されたコラージュが図1，2である。

「命（生きていたい）」（図1）では，風景を中心としたパーツが選択されている。好きなもので構成したというが，淋しげな犬やロープウエイ，発芽したプランターの3つの植物など心理的援助の必要性を感じさせる。2枚目を勧めるとすんなりと楽しそうに作成が始まる。「孤独」（図2）には，右半分にはうっそうとした森，左上には鳥瞰的な深い碧色の湖が台紙をはみ出て貼られ，その下に

図1　事例1「命（生きていたい）」

切花が配置されている。本人は「淋しいねえ。この花もお茶とかあればいいけど淋しい」と切花にすら淋しさを投影している。また「うっそうとして先が見えない，なんか私みたい」と述べる。1枚目（図1）もさることながら2枚目（図2）の

図2　事例1「孤独」

コラージュには，罹患している胃を連想させるような湖とその未来が不確定な森というクライエントの置かれた心的・身体的状況が表現されている。3枚のコラージュ作成後，面接は，しだいに言語主体の面接となって行った。そこでは，3歳の頃「みんながいつのまにかいなくなって取り残された」という，淋しい体験が語られるなどをはじめとした，人生の語り直しが展開された。本クライエントにとってコラージュ作成は面接の導入の役割と，クライエントの内的世界を治療者に明確化して伝え，共有するのに有用な役割を担っていた。

事例2：男性　50歳台後半　直腸がん末期

　病棟では陽気さを振りまき，医療スタッフも「あの人は明るいから心配ない」と評価され，病棟のムードメーカーを担っていた。初回面接では葛藤をかなり抑圧していることが推察されたため，コラージュ法を提案し2回目の面接時に作成する。丁寧にパーツを見て，一つひとつにコメントをしながら選択し，「ゆとりっぷ」（図3）を作る。夫婦愛や季節感にあふれ，日常病棟でみせている雰囲気そのままの印象がある。それでも飛鳥の石舞台など，墓や死，がんを連想させるものが貼られており，内面の葛藤があることを予測させる。じっと見ながらも使わなかったパーツがあるため，2枚目の作成を勧めると事例1同様に意欲的に作成する。完成した「天と地」（図4）には，

図3 事例2「ゆとりっぷ」

図4 事例2「天と地」

1枚目とは全く違うすさまじい世界が展開されている。左には不安をあらわす地球と気球，右上には死を象徴するクロアチア兵の墓，すぐ下には白黒のペンギンと地蔵が置かれている。そして，これらを見守るように毘沙門天が中央に大きく貼られており，クライエントが置かれている内的世界の厳しさのみならず，今後の心の歩みの大変さが窺われるものとなった。病棟で日常みせている姿と内面との乖離が大きいため，守秘義務のもと医療スタッフにも見てもらった。「怖い」「こんな気持ちでいるとは思わなかった」という感想が得られ，クライエントが実はこれほど厳しい苦しみを抱いていることを共有してもらうこととなり，その後の治療や看護では，クライエントの明るさの背景にまで気を配る関わりにつながっていった。この後，コラージュを含め1年半に渡る心理療法となる。次の事例3と併せ，事例2の心理療法過程とコラージュの流れについては拙著[2]を参照していただきたい。

(4) 作成終了後

タイトルをつける。クライエントがつけたタイトルと，治療者が心の内で

想定したものがどれくらい近似していたか，あるいはズレていたかも，クライエント理解の上で重要である。また，コラージュに関して語ってもらうことはあっても，治療者は，特に解釈したりコメントしたりせず，出来上がった世界をともに味わう姿勢が基本となる。本人が気になっていても使えなかった，あるいは使われなかったパーツや，使ったパーツでも切り落とされた部分を台紙の裏に貼り，それを検討する作業は通常と同じである。

2．2回目以降

コラージュ法が継続して実施されていくにはいくつかの形式がある。大きく4つの場合について具体的な事例を紹介しながら，その留意点などを述べてみる。

（1）心理療法の中心技法としてのコラージュ法

心理療法過程において，コラージュ法がクライエントの内的世界を表現し，心の歩みをまとめていくのに中心的な役割をもつことがある。基本パーツに加え，本人の好きなパーツや興味関心が高いパーツを意識して加える。これらは本人の内的世界のテーマにもつながっていることが多い。

事例3：女性　30歳台後半　胃がん末期

外国籍で，仕事目的で来日しているなか，胃がん末期と診断される。本国への帰国を勧められるが本人が拒否し，日本で治療を受けていた。日本語による会話が十分でないこともあり，コラージュ法を導入する。クライエントはコラージュ作成を非常に楽しみにしており，生と死をつないでいく心の歩みを7枚のコラージュ作成のなかで見事に展開した事例である。このうちの数枚を提示する。初回の2枚にタイトルはないが，事例1，2同様に二枚法で作成されたものである。1枚目にはクライエントの健康的な面が見受けられた。2枚目のコラージュ（**図5**）では，不安定な現実や内的世界が「斜めの木」に表現されている。家族や子どものパーツからは発達課題や心残りが推察された。ピラミッドや塔など死を象徴するパーツが無意識・現実・未来ゾーンに貼られ，死の予期や救われたい思いが窺われる。本人が京都風のも

図5　事例3

図6　事例3「VIVER生きたい」

のが好きであることから，毎回京都にちなんだパーツを準備した。「VIVER 生きたい」（図6）では，右上と中央に島，左上に授乳をしている母子，美しい風景に囲まれた中央上に星図が置かれ，生死をめぐる時間性が象徴的に貼られている。状態が悪化するなか，ベッドサイドで共同作成したものが「Familia-BONACA 家族」（図7）である。キューピーと寺のパーツを通常の半分の台紙に置くが「題がつけにくい」という。治療者も人形のままでは辛さを感じ，海の中で戯れる親子のパーツを提示すると「これで題がつけやすい」と中央に配置し「これもこれも家族で行くところ」と語り，題をつけた。生と死をつなぐように，中央の海で戯れる親子が置かれており，クライエントの生きてきた証が表現されているのではないだろうか。最後のコラージュ「pregea（正確には prazer）楽しみ」（図8）には，右上に墓を象徴する毘沙門天が貼られ，そこに向けて少女たちが走っている。あたかもその歩みを清めるように周囲には花火，酒，花が配置されている。クライエントの生きてきた歴史が語り直され，本国と日本の統合，終末への歩みや宗教的な統合が感じられた。状態が悪化するなかでも，最後まで「あれ楽しか

ったね」と語っていたのが印象的である。クライエントにとってコラージュ法は内的世界を表現し，自分の人生をまとめ，つないでいく作業において非常に適用性が高かったと考えられる。

(2) 面接の導入としてのコラージュ法

クライエントがコラージュ作成よりも会話による面接を希望している場合は，コラージュ作成に固執せず，言語による心理療法に移行する必要がある。ただし，コラージュを再開することもあり，しばらくはコラージュの準備をしておくことが望ましい。事例1ではコラージュ作成は3枚にとどまり，その後作成されることはなかったが，クライエントの課題を治療者が共有するための重要な役割を担っていた。

図7 事例3「Familia-BONACA 家族」

図8 事例3「pregea（prazer）楽しみ」

(3) 治療関係をつなぐツールとしてのコラージュ法

コラージュ作成中，パーツに関して一見，雑談風の会話がなされることがある。しかし，その語りには，内的世界が反映されていることが多く，パーツ自体がメッセージ性をもたらすのみならず，治療関係の媒介物としての役割をもつことがある。作成することだけが目的ではない。作成過程を含む面接全体をみて，これらの語りの背景にあるものを敏感に感じ取っていくこと

が必要である。事例2の場合でも，実際に作らなくなっても「またあれやりたいね」と幾度となく口にしていた。実際に作らなくともコラージュ作成というものや，そこで体験された内的作業はクライエントに，フランクル (Frankl, V. E., 1969) のいう「創造価値」「体験価値」「態度価値」[8]として内在化されていることが推察される。

(4)「楽しみ」としてのコラージュ法：趣味との合致

コラージュ作成は，心に問題や課題をかかえている人のみでなく，楽しさを醸しだすものである。なかでも芸術的なものに関心が高いクライエントの場合，コラージュ作成自体が，本来の'好きなこと'への再発見となり，これが自分自身を再確認するきっかけとなる機能をもつ。特に，ターミナル期や重篤な病を抱えていく場合，好きなことに熱中することはその支えとしての治療的意味がある。この治療的意味もさることながら，素朴に「好きなもの」としての存在意義も重んじてよいのではないだろうか。ただしこの場合，美的な視点で評価・判断するのではなく，あくまで本人にとって好きなものであるという視点をこちらがもっていることが肝要である。

事例4：女性　60歳台後半　胃がん，他，多系統にわたる疾患

ターミナルのケースではないが，胃がんを契機に多系統にわたる重篤な疾患を次々と罹患し，幾度となく外科手術を受ける。退院後も心気症状が認められ心理面接に紹介された。入退院を繰り返したある入院期間中にコラージュ法を導入した。6枚作成したなかの2枚を紹介する。「シャボン玉」(図9) は，食べ物などさまざまなパーツが丸く小さく切り取られ浮いているように貼られ，右下には島が斜めに置かれ

図9　事例4「シャボン玉」

ている。パーツ選択や切り方にもかなりの工夫がみられる。「食いたい，行きたい……のシャボン玉」と語り，心的エネルギーの低下と，その備給の必要性を示唆している。退院前に作成されたコラージュ「布」（図10）は，右背景の砂が不安を示唆しているものの，

図10 事例4「布」

大胆にさまざまな布が貼り合わされており，芸術的にみても美しい。本人も「これ作っている時が一番いい」「また趣味の人形つくりがしたくなった」と述べていた。クライエントにとって，コラージュは自分の好きなもの，得意なものを想起させるきっかけとなり，入院中の心理的負担を緩和し，内的世界を表現していくのに有用なツールとなっていた。

　これら(1)～(4)は心理療法におけるコラージュ法の位置づけを暫定的に述べたものであり，明確に分かれるものではない。どの場合においても，コラージュ法は治療関係を深めるツールとして存在しうるものと考えられる。

　ターミナル領域では，さらに留意すべき点として，実施する場所の問題がある。ターミナル期では特に身体状態が変動しやすく，面接室での面接やコラージュ作成は困難を伴う。事例3のように場所への配慮に加えて，台紙を小さめにするなど工夫したが，このように柔軟に対処する必要がある。終末が迫った場合は，作成は困難であり，無理強いしてはならないことはいうまでもない。それでもコラージュに関する話題が出ることも少なくない。治療者がそれまでに作成されたコラージュを振りかえり，クライエントの心の歩みを再確認しておくことが重要である。また，負担が少ないとはいえ，コラージュ作成は心的エネルギーを使う作業であることに相違ない。医療スタッフと患者という関係には，残念ながら旧態依然としたヒエラルキーが残存していることも否定できず，クライエントが治療者に遠慮して作成したくない

のに作成してしまうといった歪んだ関係性も生じることもないとはいいきれない。コラージュ法がそのクライエントにとって必要かどうかの見極めと同時に，治療者の側の興味や関心のみで強要することのないように配慮することが必要である。

3. 集団コラージュ・ボックス法

二枚法が必然的に生まれたように，筆者が携わった実際の臨床場面から集団コラージュ・ボックス法（以下，集団コラージュ法）も生まれた。一般病院では，臨床心理学の専門家による援助を受けることには抵抗が強く，場合によっては，心理療法の対象とみなされること自体が傷つきを喚起することが少なくない[2]。集団コラージュ法では，これらの抵抗が緩和され，作成したコラージュを互いに評し合うなかで，自らの病の意味を確認することにつながることがある。この際も，筆者は個別にパーツを準備するボックス法を導入し，不足を補完する目的でもう一つ共有できるパーツを入れた箱を準備している。実際のコラージュ作成過程では，パーツを交換し合うこともあるが，出来上がりの時点では，治療者が一人ひとりを想定して準備したパーツを中心に作成されることが興味深い。また，集団コラージュ法の場合，個別にパーツが準備されていることへの喜びが言語化されることもよく見受けられる。個人としての生死が問題になっているなかでは，入院患者としてひとくくりで扱われるのではなく，「個人としてきちんと対応されたい」気持ちが伝わってくる。作成後は，「同じように作っても全然違うんだね」と個別性を実感し合うなど，ピア・カウンセリングに近似した力動が認められる。ただし，できあがったコラージュを評し合う際，患者同士だからこそ許されるであろう辛らつなコメントが出ることもある。その場の力動を敏感に把握し，治療者としてさりげなく関与しながら，その場全体を見渡す役割を担う者として，しっかりと存在していることが肝要である。

集団コラージュ法の場合も，パーツの準備や作品を大切に扱うことがクライエントを大切にすることにつながる。「コラージュを大切に扱うこと」とはクライエントにとって「自分が大切にされた」ことと同じように体験され

ることはいうまでもない。

4. その他の留意点

(1) ボックス法に関して

　先にも述べたが，いかにメッセージ性が高かろうと，あまりにダイレクトに死や疾患を象徴するパーツを使用することには注意が必要である。クライエントにとって過重な心理的負担となると想定されるパーツはあえて外すことが望まれる。治療関係が深まりそのパーツを使える段階までじっと治療者の心のなかに把持することが必要である。

　また，パーツを準備する際，パーツの裏側にも留意する必要がある。表が美しい景色であっても，裏が残酷なものや悲惨なもの，文字メッセージがクライエントの内的世界を強くえぐるようなものもある。その場合は，あえてパーツから外す必要もある。コラージュ法は実施が簡便であるとはいえ，心的負荷を与えるものであることに変わりはない。無理せず，クライエントの体調やペースに合わせることが必要である。

(2) 保管について

　出来上がったコラージュは，ターミナル期のケースでなくともクライエントからの重たい贈り物である。ただ，ターミナル領域においては，出来上がったコラージュをどのように保管するかをクライエントと話し合う必要もある。通常の心理療法と同様，治療者（機関）が保管することが一般的である。それでもなお，コラージュが遺作となることもあり，治療者自身の研修として第三者に公開する可能性もある。治療過程においてコラージュの扱いや保管について確認しておくことが必要であろう。

(3) コラージュの訓練：治療に導入する前に

　コラージュは，比較的容易に作成できるものであり，さほど抵抗は生じない。しかしながら，他の心理療法や心理検査同様に，場合によってはクライエントを傷つけてしまう危険性も皆無ではない。一見，簡便なものだけにこそ，臨床訓練が必要である。コラージュ法の訓練のあり方をいくつか挙げて

みる。

　1) 指導を受ける

　コラージュ法に精通した人に師事してコラージュ法の成り立ちや技法の意味など，コラージュ全般に関する手ほどきを受ける。可能であれば，スーパーヴィジョンを受けることが望ましい。この際，指導者のもとで自らコラージュを作成する体験ができると，より一層の訓練が深まり，教育分析と近似した体験が得られるであろう。

　2) 自分のコラージュを作成する

　自らが数カ月コラージュを作成し続ける体験をする。コラージュは1枚2枚で心理査定用に扱われるだけでなく，シリーズでそのテーマや流れを検討することが重要である。これらを実感するためにも，継続的に自分でコラージュを作成することが重要である。この実体験があると実際の治療に導入する際にも'長続き'することにつながる。

　1)，2) のいずれにせよ，自分が作成する体験は欠かせないものである。

　(4) 治療者自身の親和性

　治療者自身が，コラージュ法に親和性が高いこと（好きであること）は重要である。治療者が信頼していない治療技法を導入されることほどクライエントにとって迷惑なことはない。そのためにもコラージュ法に治療者自身が馴染んでおく必要がある。

　(5) 基本的な心理療法の素養を身につけていること

　コラージュ法を導入するにあたっては基本的な心理療法の技法が身についていることが大前提である。簡便な方法であるから誰にでもできるといった安易なものではない。基本的な心理療法を修めた上で，自らのコラージュ法への適応性を検討し，感受性を高めていく必要がある。ターミナル領域では，さらに身体医学や精神医学の知識は欠かせない。知識は場合によっては諸刃の剣でもある。身体医学的知識を身に付けながらも，心理学的スタンスを把持できる「絶妙なバランス感覚」[9]を育むことが肝要である。

おわりに

　出来上がったコラージュはさまざまな解釈が可能である。安易に解釈したり，わかったつもりになったりするのではなく，作成過程に同伴し，ともに味わいその世界を抱える姿勢が何より重要である。そこに表現されたメッセージは重いものである。クライエントの死という重みから生まれる重荷だけでなく，関係性のなかから生じたさまざまな重荷が埃のように治療者のなかには溜まってしまう。治療者がスーパーヴィジョンやケース検討会などを通して指導を受けることは訓練としてだけでなく，自覚しづらい治療者自身の心的疲労を緩和する一助となりうる。

　コラージュ法は有用な援助ツールであると同時に，こちらが考える以上の重たい気持ちが表現されている。コラージュのどの技法を使うにしても心理療法のどの立場に立とうとも「その人にとって必要なものは何か」という問いが始まりである。なかでもターミナル領域では，"not doing, but being"という，傍にいさせていただく基本的な人への添い方をふまえた上で，その人に合った援助のあり方を腐心していくことが，その人にとって生きた援助方略につながるのではないだろうか。

付　記

　本章は，名古屋大学博士学位論文およびそれを加筆修正して公刊したもの[2]から一部事例のコラージュを援用して構成したものである。深い出会いと関係を体験させていただき，今回掲載させていただいた諸クライエントの方々に深謝いたします。

参考・引用文献

1) 匹田幸余（1999）末期癌患者のコラージュ表現　森谷寛之・杉浦京子編　コラージュ療法　現代のエスプリ　386；153-163
2) 中原睦美（2003）病体と居場所感—脳卒中，がんを抱える人を中心に　心理臨床学モノグラフ第2巻　創元社
3) 河野博臣・神代尚芳編著（1995）サイコオンコロジー入門—がん患者のQOLを高めるために　日本評論社

4) 山脇成人・内富庸介（2000）サイコオンコロジー―がん医療における心の医学　診療新社
5) 森谷寛之（1988）心理療法におけるコラージュ（切り貼り遊び）の利用　精神神経学　90(5);450-460
6) 中村勝治（1999）コラージュ療法の独自性　森谷寛之・杉浦京子編　コラージュ療法　現代のエスプリ　386;42-50
7) Grinberg, L., Sor, D., Bianchedi, E. T. (1977) Introduction to the work of Bion. Jason Aronson, Inc.（高橋哲郎訳（1982）ビオン入門　岩崎学術出版社）
8) Frankl, V. E. (1969) The Will To Meaning ― Foundations and Applications of Logotherapy. The New American Library（大沢博訳（1979）意味への意志―ロゴセラピィの基礎と適用　ブレーン出版）
9) 村瀬嘉代子（1991）プレーセラピストに求められるもの―現実と非現実の中間領域を生きるために　季刊精神療法　17(2);119-125

第7章 ターミナルケアにおける
絵画・コラージュ・造形療法

中根 千景

はじめに

　本論では，ターミナルケアにおける絵画・コラージュ・造形療法を施行しようとする方の具体的な参考としていただけることを期待して，私の臨床実践から述べてみたい。したがって，ここで触れられているのはターミナルケアにおけるこれらの療法のごく一部にすぎないことをご了承いただきたい。このように述べるのは，ターミナルにある患者への治療およびケアを考える際，多くの立場や視点が尊重され検討されることが重要だと思うからである。臨床実践は多かれ少なかれそれぞれの臨床家がそれぞれの生きた体験を創造していくものであろうと考える。

　ここでは現場での実践に多少とも役立つことを目指して，治療者が取り組むことになる具体的な課題のいくつかを抽出し，考え方を整理してみたい。そこにはもちろん，心理療法の治療者に共通する課題も含まれているだろうし，芸術療法の実践に特徴的な課題もあるだろう。

　次に，筆者が実践した絵画・コラージュ・造形療法のグループを具体的に紹介する。そこでの実践から得た工夫や配慮などについても述べる。

　最後に，事例を紹介して全体をイメージしていただけたらと思う。

　この事例は非常に印象的であるため，その内容を一般的なターミナルステージの展開モデルと捉えると，そこにイメージを固定してしまう場合もあるのではないかと思う。そこで，事例は一例であることを忘れず，新たに出会

うクライエントを固定した先入観でみることのないよう留意していただきたい。

1. 治療者の仕事

　私的な体験を紹介させていただきたい。筆者の3歳の娘が、テレビで火事の建物の窓から男性が"宙吊り"になる場面を見てしまった。筆者はそばでその場面から目をはなさない娘を見ていたが、彼女は場面が終わるとすぐに「お兄ちゃんのテルテル坊主つくる」と振り返った。自分ではまだ作れないため、私が作るのをじっと見つめ、出来上がったものをほかの気に入りのテルテル坊主と一緒に飾って満足した。

　このエピソードは家族の日常の出来事であって、心理療法とも芸術療法とも異なる。しかし人は自分を圧倒する出来事に直面したとき、それを心におさまるイメージに変容させて心の世界に定位させる力をもっているのだということを、あらためて実感させる。その力とは心理療法における心の癒しともいえるものであろうし、また「テルテル坊主をつくる」という表現が芸術療法の原点でもあるように思えるのである。

　このいたってシンプルな出来事は、日常の臨床で、ともすれば見失うことのある「治療者は何をするのか、クライエントは何をしようとしているのか」という基本的な問いを思い出させてくれるようにも思う。

　では、以下から治療者の仕事について、その課題を抽出していきたい。

1. 治療者とクライエントとの関係性

　およそ治療者というものは、クライエントの表現を待ち、受け取るところにいるはずである。クライエントがそのような治療者と過ごす時に表現するのであれば、それは治療者との関係性に影響を受けるのはごく自然なことだろう。クライエントはその表現や作品を家族や近しい人への贈り物とする場合もあるだろう。だがその場合にもやはり、表現する「今、ここ」にいる治療者との関係性によって、何がどのように表現されるのかが左右される。

そう考えると，芸術療法の表現活動にとって，治療者とクライエントとの関係性はアトリエでもあり画廊でもあると，たとえられないだろうか。アトリエは，いうまでもなく，創作の場であり自由な表現が許され守られる場である。画廊は，他者がその絵や造形がひとつの作品世界であることを認め，その世界に触れさらにその世界に入っていこうとする場である。それらのふたつの側面を治療者とクライエントとの関係性が担うのである。

このようなことを述べるのは，クライエントと治療者との関係性が，クライエントの表現に影響を与えるということを，実践の中で具体的に意識し，考えていくことは容易なことではないように思えるからである。

これはクライエントの作品の上手・下手を評価しないとか，安易な解釈はしないなど，作品への初歩的な態度のことをいっているのではない。クライエントが表現する以前に，治療者のクライエントへの理解や態度，構え，情緒などがクライエントに伝わり，その関係性が作られているのである。

織田尚生（1999）は，箱庭療法について「象徴のもつ超越機能」と「治療的人間関係つまり転移逆転移関係」を挙げ，「これら二種類の治療促進因子が重複して作用することになる」と述べている[1]。これは箱庭に限られたものではないだろう。また，この主題はエドワーズ（Edwards, M., 2001）によっても語られ，「芸術療法の場におけるしばしば語られることの少ない力動」[2]として図を用いて論説している（図1）。それによると，クライエントと作品，そして作品から浮かび上がってくるイメージとの間には相互作用があり，それは治療者との関係と平行しつつ，幾分かは独立してかわされる対話であるという。

このような対話がなされる場にいる治療者は，クライエントが作品やそのイメージと対話することを助ける役割を担うのと同時に，クライエントと作品，イメージと治療者自身との間にそれぞれ重なり合いながら行き交う相互作用を理解することに努めなければならない。これらの関係性を常に視野にいれていることが，治療者の重要な仕事だろう。それは常に動き，治療者が巻き込まれることでみえなくなることも多い。

そのような複雑な状況の中で治療者は何を足がかりにすることができるだ

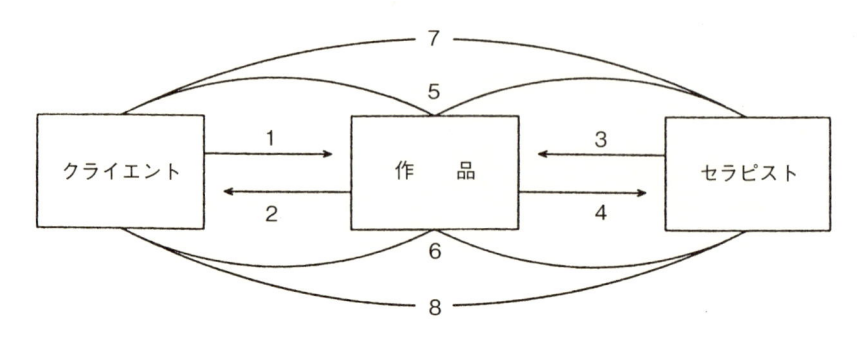

```
                    7
              5
┌─────────┐  1  ┌─────┐  3  ┌─────────┐
│クライエント│ ───→ │ 作 品 │ ←─── │ セラピスト │
│         │ ←─── │     │ ───→ │         │
└─────────┘  2  └─────┘  4  └─────────┘
              6
                    8
```

作　　　品 ｛ 1. クライエントの表現
　　　　　　 2. クライエントの持つ印象（視覚的フィードバック）
　　　　　　 3. セラピストの期待
　　　　　　 4. セラピストの認知

媒体としての作品 ｛ 5. 作品を通してのセラピストへのコミュニケーション
　　　　　　　　　 6. 作品への反応としてのクライエントへのコミュニケーション

直接の関係 ｛ 7. セラピストのクライエント理解
　　　　　　 8. クライエントのセラピスト理解

文献2) より抜粋

図1

ろうか。筆者は，治療者が立ち返る立脚点は治療者自身が本来もっている自由で柔軟な心だと考えている。しかし，危機的な状況にある人間と共にあって自然体の心であり続けることは容易なことではない。病や死を前にした人に心を開き，自然体の心でその人の内的世界に同伴しようとするなら，治療者にとっても病や死が内的な現実として迫ってくるように体験される。ここにターミナルケアにおいて，心理療法の治療者が直面するひとつの課題があるように思われる。

2. 治療者とクライエントとの間に作品が介在すること

　前述した，ターミナルケアにおける治療者の課題に関して考えてみたい。
　ターミナルという危機的な状況にあるクライエントに同伴しようとする中で，筆者は作品が介在することに助けられたと思うことが何度もあった。治療者にとって，作品の介在がもたらす恩恵は計り知れない。

心理療法においては、クライエントの内的世界を治療者とクライエントとの関係性を通して抱えることが重要である。作品は治療者がそのような関係性を維持することを守る側面をもつ。これはターミナルケアにおける芸術療法のもつ利点といってもいいだろう。

　作品が介在する意味は、関係性を維持し治療者を守ることだけではなく、クライエントをも守る。クライエントにとって自由な表現の場は、危機的な現実から離れた、いわば避難所となることもある。そこでの創作活動への取り組みは、闘病に彩られる日常からひと時離れ、くつろいだ雰囲気の中で子どもにかえり自由に過ごすこととなり、現実逃避といったものとは異なる、良性の退行を促すものとなり得る。

　そのような避難所でのひと時は、クライエントの内的世界が顕現する時間であり、その時空は外的な現実のものとは異なる。そのような場とそれを支える関係性の中でこそ、クライエントの心のプロセスが進行していく。そのプロセスは、危機的な現実に圧倒されている状況から本来の自分を取り戻し、内的世界の中にその出来事を位置付け、自分の物語として織り込んでいくという過酷な取り組みを助ける。

　このプロセスで、治療者は何をしているのだろうか。クライエントと危機的現実に直面することから逃れ、避難所に座り込んでいるかもしれない。だとしたら、クライエントの内的な取り組みに同伴することにはならないだろう。作品の介在は、治療者とクライエントを単に隔てるのではなく、結びつけてもいる。クライエントへの理解や共感をより深めていくことが可能な、適切な距離と心的親密さを維持するのである。いわば作品は、治療者とクライエントの間の「橋」のような役割をもつといえる。

3. 何が「作品」か──治療者の感受性

　ところで、治療者が捉えている「作品」とは何だろうか。一般に「作品」と呼ぶものは、人の創作行為の結果生み出された、何か独自性の高いモノである。作品は作者の内的世界が表現されたモノであり、同時に見る者の心を動かすモノでもある。そう捉えると、作品とは内的世界、生きたイメージが

外在化されたものであって，必ずしも画材や材料を使用して何か創作されたモノである必要はないともいえる。内的世界やイメージが投影されたモノは，選択と鑑賞によって「作品」ともなる。

臨床の中でそのような作品と出会うことがある。既成の箱に貝殻を並べて作品としたり，ケースの中の色鉛筆の配列を並べ替えたものを見せてもらったりしたこともあった。カウンセリングの途中，ふと展覧会のカタログから好きな作品をカラーコピーしたものを出してそのイメージを語ったクライエントもいたし，グループでの芸術療法で，画集から好きな作品を選んで模写するクライエントも多い。

1枚の切り抜きも1個の小石も画材もコピーも，それ自体が作品となり得る。モノ自体でなく，そこに表現されている作者のイメージが他者との相互主観の中で共有される時，それは作品となるのである。

治療者とクライエントとの間に置かれるさまざまなイメージを，このようにクライエントの「作品」と捉えることには，いくつかの利点がある。

ひとつには，クライエントの作品が創作されることに対する治療者の過度の期待をやわらげることができる。治療者がクライエントに創作を勧め，期待するようになると，治療者のひとりよがりになったり，無理に作らせたりする結果に終わることがある。このことは何度強調されても，され過ぎることはないと思う。

ふたつめに，治療者がクライエントの表現を受けとめる心構えが，想像力を駆使したものとなり，こまやかなものになるだろう。これはクライエントにとって自由な表現を保障され，表現したものを大切にされることにもつながる。そうして，クライエントと治療者との関係性を生き生きとしたものにすることを助ける。

また，創作にのらないクライエントだけでなく，身体的な理由によって自由な創作に困難があるクライエントとも，イメージを介した関わりをする範囲を広げることになる。

このように，何が「作品」かを考えることは治療者の感受性を刺激し，ターミナルケアの特性を考える上で大切だと思われる。

4. 作品の解釈

治療者はクライエントの内的世界や治療者とクライエントとの関係性を重視する。しかし、治療者は意味深い作品に出会うと、それにひきつけられて、想像力を縛られてしまうことがある。芸術療法には常にそのような作品の誘惑ともいえるものがある。作品からクライエントの内的世界を解釈しているつもりであっても、作品への過度の注目にはそのような危険が伴う。特に、ターミナルケアにおける心理療法の困難さから、治療者がクライエントと治療者との関係性を見失い、作品に引き込まれる危険は大きい。

さらに、ターミナルを考える中で死のイメージは避けがたい。治療者が死のイメージに圧倒され、傷つけられることに気づかないでいると、防衛として過度に普遍化した解釈をし、クライエント独自の作品世界や内的世界から遊離してしまう場合がある。

実際、ターミナルにあるクライエントから意味深く普遍性の高い象徴的表現を見せられ、治療者がひきつけられることはまれではないだろう。しかし、それは同時に、クライエントその人固有の内的世界に根ざしたものであることを忘れてはならない。

5. 「死の受容」について

ターミナルケアでは、死の受容とはいったい何なのか、どのような心の状態をいうのかなど、常に考えさせられる状況がある。しかし、実際にクライエントと心理的に関わり、病や死という危機的な現実に直面すると、治療者は圧倒され傷つくことも多い。そのような中で、治療者が死の受容について安易にわかろうとすると、その言葉に振り回されているかのように、単なる概念として知的に扱うことがある。

鈴木龍（1999）は、「見にくいものを見る」というテーマを論じる中で、がんの告知にふれ、「告知とは本人にとって迫り来る死という真実を見ることであり、それを見て見ぬふりをしたい、否認したい気持ちとの闘いである」と述べている[3]。筆者は臨床経験から、この闘いが告知の時点のみに体験されるものでなく、その後も身体状況や治療方法の変化、家族の対応など、さ

まざまな要素によって，幾度も繰り返し体験されることを実感している。

　心理的に関わる治療者は，このような繰り返される闘いの場に同伴することとなる。そのとき，その闘いの場で治療者も「見にくいものを見る」課題を背負わなければならないだろう。

　ここまで，治療者の仕事について述べてきた。どの課題にも必要なのは，まず治療者の自己理解といえるだろう。

　それに取り組む方法として，絵画・コラージュ・造形療法を用いる治療者には，治療者自身がイメージや心の状態を表現し作品化することを勧める。これは，クライエントと共にいる時間外に設定するとよい。危機的な現実にあるクライエントから受けている影響を知ることだけでなく，治療者自身がクライエントに教えられ守られていることに気づくことも多い。

　また，クライエントが表現や作品化に労する身体的，心的エネルギーの消耗を推し量るためにも有効である。

2. 適応と具体的方法

　施行方法についての具体的内容は筆者の実践を元に述べることとする。治療構造や材料，素材などについては参考例として考えていただきたい。

1. 適　応

　適応は，通常の絵画・コラージュ・造形療法と同様に考えてよい。クライエントと治療者との言語交流に表現媒体を加える意味で導入される場合もあろうし，クライエントが自らの表現の欲求に従って求める場合もあろう。ただし，ターミナルケアの場合は特に，クライエントが芸術療法に対してどんな期待や目的をもっているのか，さらに意識レベルでのニードと無意識的なニードとがあり，それらを治療者が理解する必要がある。

　ニードの例をあげる。
　・身体症状の治療や緩和を求めている。
　・死や病に圧倒された心理的苦痛に対するケアを求めている。

・無意識から生じるイメージとの対話を求めている。
・危機的な現実からの心理的避難場所を求めている。
・家族や親しい者へ伝えようとする何かを作品として表現したいという思い。

これらのクライエントのニードはいくつも重なりあい，また無意識的でもあり，かつ身体の状況とともに変化もする。クライエントと会うたびごとに「クライエントのどのような心がいまここでこれを作らせているのか」と繰り返し考えることが望まれる。

2. 治療構造

1）個　人

個人で行う場合は，通常のカウンセリングルームなどで行う場合と，体力的な理由から治療者がベットサイドに行く場合とがある。

ベッドサイドに行く場合は，画材や活動量などに配慮が必要である。また，曜日や時間帯については，クライエントの同室の患者との関係や病棟のスケジュールとの兼ね合いもあるため，クライエントと話し合い柔軟に対応することが望ましい。一般の心理療法に比べ，変更やキャンセルについては外的な状況を考慮し，幅をもたせておくようにする。

2）グループ

グループの人数は使用する部屋の広さにもよるが，参加者は7〜8人，治療スタッフは2〜3人，週に1回程度の実施が標準的だろう。適度に間隔をあけて，それぞれの参加者が自分の世界に侵食されない安全感をもてる空間を作れるとよい。そのため，机に椅子ばかりでなく，床に直接座ることが抵抗のない部屋が使用できると望ましい。

また，治療スタッフは創作については身体的な側面も含め各自のペースで進められる雰囲気を提供する。作品を1回のセッションで完成しなければならないような雰囲気が定着しないようにする。数回かけて制作したり，複数を並行させて制作したりすることも許容されるとよいだろう。

3. 画材, 材料

ベッドサイドの場合は，扱いやすいもの，周囲が汚れないものということになり，色鉛筆やクレヨンが中心になる。また，手芸用品やコラージュ用の雑誌やパンフレットなども好まれる。何種類かの画材や材料を持参し，クライエントと話しながら好きなものから試してもらったり，治療者が使ってみせたりする。このようなときに，創作行為自体が目的ではないことを忘れてはならない。

心理療法室でのセッションの場合，クライエントが自由に選択できるようにさまざまな画材や素材を用意しておく。その際，画材や材料などはなにげなく散らかっているくらいがちょうどよい。また，用意してあるものは治療者自身があらかじめ試用しておくとよい。そうしておくことで，創作行為を通して交流する関わりが作りやすくなる。

1) 画 材
- 水彩絵の具やクレヨン，パステル，色鉛筆など，色数を多く用意することが望ましい。
- 布や木，石などにも描けるアクリル絵の具があると表現が広がる。
- さまざまな大きさの画用紙のほかに，色画用紙，布や板なども自由度が増す。
- 粘土は紙粘土が扱いやすい。軽くて，着色もしやすい。ただし，何セッションかかけて制作する場合は乾いてしまうので不向き。その場合は通常の油粘土がよいだろう。

2) 材 料
- 手芸用品や雑貨，ビーズや毛糸などが好まれることが多い。そのほかにもラッピング用品や千代紙や和紙。またスポンジがあると意外に表現が広がる。ステンシルに使ったり，水をふくませて筆代わりにしたりするとおもしろい。上手・下手に関わらず思わぬ効果を楽しめ，遊びの要素が高い表現行為が体験できる。
- 自然物も大切である。季節によってさまざまな木の実や葉，枝，桜の季節に花びらをひろったり秋につるを摘んできたりと，治療者が無理のな

い範囲で集める。

3) その他
- 画集や雑誌，パンフレット，カード類。コラージュとして切り抜かなくても，「鑑賞と選択による作品」がしやすくなる。模写に使う場合も多い。
- クライエントが自分用のスケッチブックや作品保存箱を持てると，いわば日記帳のようになり，各自の作品世界を守られたものとすることができる。
- 自由度が増しクライエントが創作を楽しむようになると，自然とクライエントから「○○はないか」といった注文がでてくることもある。このようなときは柔軟に対応する。クライエントの求める表現を尋ね，あるものを駆使してともに試みてみることもあるし，用意できるものであれば次回用意することもある。

4. グループの流れ

グループで行う場合は，まず本人の意思を尊重し，主治医やリエゾンで関わる精神科医，臨床心理士などの判断をあわせ，グループに導入されメンバーとなる。グループは，レクリエーションとして参加するだけでもよいといった雰囲気があり，メンバーとなってからも自由参加といった，ゆるやかなセミクローズドとする。これは，参加者がそれぞれ異なる動機で参加しているためばかりでなく，各人が身体的に不安定な状況にあることを認めあい，参加するクライエントが他の参加者の病状などに過度に動揺しないための配慮ともなっている。

表現の深まりやそれぞれのクライエントの主題によっては，必要に応じて個別に治療者との面接時間を設定することもある。

グループの流れは，はじめに全員が円く座り5～10分程度顔をあわせる。その際，新しい素材や芸術や創作に関する話題を提供したり，新しい参加者を紹介したりする。雑談の時もあるが，これは心の準備運動のような時間として大切である。

次に，それぞれ制作に入る。自分の使用する画材や素材を選び，自分の場所を決めて，落ち着く。その日制作にのらない参加者がいれば，画集や素材，過去の作品などをながめて過ごす場合もある。そのような場合は，治療スタッフが傍らにいるようにするとクライエントが自然と語りだすことも多く，治療スタッフとの対話が生まれることになる。

治療スタッフはクライエントの制作過程を見守ることもあれば，隣で自分の作品を制作する場合もある。そのうちクライエントの制作アシスタントのように材料の準備を手伝ったり，あれこれアイデアを話し合ったりすることも多い。

時間が終了する前に，もう一度全員で円く座る。その日作った作品を見せるのも，しまっておくのもクライエントの意思にまかせる。

3. 事　例

ここまで，治療者の課題や仕事と思われるものを整理し，参考として筆者が参加したグループの詳細を紹介してきた。次に上記のグループに参加した事例を提示する。

この事例を提示するのは，筆者がこの事例によって教えられたものが非常に多いためである。また読者が治療者となったとき，クライエント自身の内的世界との対話を織り上げていく過程をイメージしやすい事例と考えたからである。

1.　事例の概要

左側炎症性乳がんの30代女性。既婚。子どもを希望しながらも結婚後5年たって妊娠できずにいた。キリスト教や聖書に親しみ，絵画鑑賞を好んでいた。腫瘍摘出手術が目的で入院した際，主治医から病名を告知されている。その後，不安が強いことと本人が絵画を好むことから，芸術療法のグループへの参加を主治医が勧めた。本人もそれを希望し参加することになった。

2. 経過

1) 第1期：手術の前『がんとの闘い』

初めての参加。治療スタッフとして参加している筆者に「大きな紙はないですか」と声をかけてきた。クライエントに尋ねながら，筆者が画用紙を張り合わせ，約60cm四方ほどの大きさにする。ほかの参加者に背を向け，その紙を床に広げ黙々と描き続けた。

この作品（**図2**）の激しい筆遣いと原色の迫力に治療スタッフはみな圧倒される思いをもつ。本人は「がんと闘うイメージを描いた。スッキリした」と話す。

2) 第2期：手術の後『創世記』

2回目の手術後2週間後の参加で聖書を持参し，「天地創造の7日間を7枚の絵にして綴じたい」と言う。色画用紙の選択や絵の具の使い方の説明，描写の技法の相談などで筆者が多く関わるようになっていく。色画用紙を7枚選び，描き始める。点描で渦巻きの図柄を多様した抽象画7枚を仕上げ，それを綴じて，約2カ月かけて「創世記」（**図3**）を完成させる。筆者と作品について話し合ったり，1枚が仕上がってもまた描き加えたり修正したりを繰り返しながら進めていく。その2カ月の間，動物の親子の写真をパステルで模写した作品も2枚仕上げる。動物の模写は筆者の隣にきて楽しそうに話しかけながら

図2　がんとの闘い

図3　創世記

図4　人魚の親子

描いていることが多かった。

3) 第3期：自然素材や粘土で遊ぶ

10回目の参加ではツルで籠を編む。ほぼ出来上がってから筆者も手伝って貝殻やドライフラワー，どんぐりなどを付ける。その時，筆者と彼女は一緒に遊ぶ子どものようだった。出来上がった籠を見て，筆者が〈海の幸山の幸がいっぱいですね〉と言うと，「海のものとも山のものともわからない籠」と笑う。

12回目では，筆者が制作したものを真似て，小箱の中に綿を敷きビーズをはった石を置いた作品を作り「巣の中の卵」だと言う。子どものような笑顔でそれを見せるが，筆者には石の卵が化石のようにも思え，生命のないものというイメージが強く，彼女の切実な哀しさが表現されているように感じられた。

13～14回目では，粘土で「人魚の親子」（図4）を制作する。「おおきなおっぱいが作りたいんです」と楽しそうに作る。筆者は，彼女の女性としての傷つきを訴えられるような印象を強くもつ。また同時に彼女が喪失した乳房を自ら再創造しようとする力に圧倒されながら，傍らにいつづける。14回目に子どもの像を作り，人魚の隣に並べ「まだ子ども諦めていないんです」とつぶやく。

4) 第4期：内界を見つめ，外界を捉えなおす

人魚を制作してからの彼女は，孤独な表情を見せるようになっていった。15～16回目で，1匹の羊が草原に座っている像を粘土で制作した。彼女の表情からも作品からも，病という現実は彼女がひとりきりで必死に生きるしかないと伝わってくるようだった。筆者は彼女にどのように関わっていくことができるのかを考え続けるしかなかった。

17回目には，白いTシャツに花を描く。始めるとすぐ患部にあたる部分

にバラを3輪描いてから，全体にも蘭など を描いていく。筆者は彼女が自分の中で患 部に触れ，自ら手当する場面に遭遇した思 いで見守っていた。

　18回目の後半から，16回目から強く希 望していた仮面を制作し始める。「怖いな ぁ」「きれいじゃないですよね」と笑いな がら言ったり，ふと思いつめたような表情 も見せる。「これ私の内面なんです」とつ ぶやく。20回目には，色鮮やかに着色し 「ピエロ」(図5) を仕上げる。彼女にと っての自分自身の生の姿の重みとそれを表 現することのできる彼女の力を強く感じる。

図5　ピエロ

　この仮面を完成させ，退院とともにグループへの参加は終了となった。し かし，約1年後に再発し再入院となる。入院中はベッドサイドに作品の写真 (創世記のシリーズ) を飾り，グループを振り返り懐かしそうにしている姿 もあった。脳への転移がみられ，再入院の1カ月後に亡くなった。

3. 考　察

　この事例の作品世界の象徴性については別に論じた[4]のでここでは触れ ない。治療者の仕事を考える視点からこの事例をみると，クライエントの内 的世界が生き生きと表現されるための場を形成するものに，治療者とクライ エントとの関係性や治療者の感受性が関与していたように思われる。それは 援助的態度といったものだけではなく，柔軟な相互作用のある人間関係でも あった。

　第1期では，グループがまず彼女の直面している苦痛や激しい不安を投げ かけられ，それをどう受け取っていくのかといった課題に直面した時期だっ た。彼女自身が病という大きな課題に直面し取り組んでいくことと相似形と もいえる出会いであったように思う。

第2期は，筆者との接近はともに美術を好み語り合える友人のような関係から始まった。その友人は，病や死という圧倒的な現実を抱え常にそれを窺わせながらも，筆者を巻き込もうとはしていなかった。作品が介在することで，治療者とクライエントとの距離は守られ，それによって関係性が保たれたといえるだろう。この守りとなる適切な距離が，筆者に彼女の過酷な内的世界を想像する余地を与えてくれたのだろうと思う。
　第3期では，筆者と彼女は遊びをともにする関係となる。さまざまな素材に親しみ，子どものころの遊びを語り合った。その中では，母子関係とも思われるような交流もあった。彼女は作品のプリミティブなイメージや素材とともに，筆者との関係性を通して母なるものに包まれていたのかもしれない。
　第4期になると，彼女の孤独が浮上してくる。第1期からここまで，彼女はグループの中で自分の現実を語ることはほとんどなかった。そうした態度は変わらなかったが，第4期になると筆者との関係を離れひとりであることを体験している様子だった。そこから自分自身と向き合っていく過程を歩んでいったようだった。彼女は，現実からひと時離れ，内的世界と交流する過程を経て，あらためて現実に対峙しそれを受け入れようとしたのではないかと思われる。

おわりに

　ここまで，筆者の体験を元に治療者の課題や注意したい点を述べてきた。最後に，治療者自身がこのように多くの仕事と課題を達成するために，サポートを得る必要があることを付記したい。治療者は自分が機能できる状況を作ることも仕事である。
　そのサポートは，やはり仕事と課題の困難さとを治療チームの中で共有することで得られるのだろうと思う。そこで必要となるのは，守られた場であることと理解を得られるという信頼感だろう。ターミナルケアに関わる際には，ぜひそのような治療チームもしくは仲間を作ることが大切である。そのための勉強会などへの参加もすすめたい。

謝　辞

本稿作成にあたり，ご指導ご鞭撻いただきました東京医科大学精神医学教室の飯森眞喜雄教授と富澤治講師に感謝いたします。

引用・参考文献

1) 織田尚生（1999）箱庭・イメージ・治療者患者関係　イメージと心の癒し（福島章編）金剛出版
2) Edwards, M. (1987) Jungian Analytic Art Therapy. Approaches to Art therapy: Theory & Technique (Rubin, J. A., eds.), Taylor & Francis（徳田良仁監訳（2001）芸術療法の理論と技法　誠信書房）
3) 鈴木　龍（1999）「永遠の少年」はどう生きるか―中年期の危機を越えて　人文書院
4) 中根千景・入江　茂（1997）乳癌の一女性にみられた創作活動の変遷　日本芸術療法学会誌　28;5-16
5) 飯森眞喜雄・富澤　治他（1998）ターミナル施設における芸術療法　芸術療法2　実践編（徳田良仁他監）195-200　岩崎学術出版社
6) 富澤　治・中根千景・園真由子（2000）ターミナルケア施設における芸術療法　こころの科学　92;85-88

事項索引

あ行

悪性疾患　69
アトリエ　137
アルツハイマー病　90, 102, 111, 112
裏コラージュ　118, 121

か行

家族画　41, 58
仮面　149
画廊　137
関与しながらの観察　39
虐待　37, 60〜62
くずし　57, 58, 60
グループアートセラピー（GAT）　89, 90, 97, 99, 101
行為障害　36
個別性　11, 113, 130
コラージュ・ボックス法（ボックス法）　95, 115, 117〜120, 130, 131
container　117

さ行

サイコオンコロジー　116
死の受容　141
自閉症　8, 9, 73, 74, 77, 82〜85, 87
自由画　25, 42, 58, 98
集団コラージュ・ボックス法　130
心身症　53〜57, 60, 69, 70
心的エネルギー　118, 119, 129, 142
スクィグル　16, 21, 58, 115
スタジオアートとしての空間　91

た行

ターミナルケア　10, 69, 135, 138〜142, 150
ターミナル領域　11, 115〜117, 119〜122, 129, 131〜133
痴呆　9, 89, 90, 92, 93, 99〜102, 112, 113
陶芸　80, 81, 102
統合型HTP法　38
統合失調症　7, 11, 35, 37, 43

な行

二枚法　　115, 120〜122, 125, 130
粘　土　　10, 58, 75, 76, 80, 84, 85, 93, 99, 103, 109, 111, 144, 148

は行

バウムテスト　　54, 55, 58, 59
箱庭療法　　40, 42, 57, 58, 115, 118, 137
発泡スチロール版画　　81
ピア・カウンセリング　　130
PTSD（外傷後ストレス障害）　　37, 61, 116
非言語──　　13, 15, 40, 89, 93, 99
非行少年　　35〜42, 46, 51
フィンガーペインティング　　21, 99
風景構成法（LMT）　　8, 16, 35, 37〜44, 47〜51, 58, 59, 60, 63, 64, 66, 70
フォルメン　　20

ま行

窓　　56, 57
物語　　102, 111, 112, 139

や行

遊戯療法（プレイセラピー）　　29, 57, 58, 60, 61
誘発線法　　92
抑うつ　　9, 43, 112, 116

ら行

ライフライン（人生曲線）　　96
リエゾン──　　116, 145
ロールシャッハテスト　　40, 42

人名索引

あ行

アレン Allen, P.　*91*
石川義博　*36*
エドワーズ Edwards, M.　*137*
小澤勲　*112*
織田尚生　*137*

か行

皆藤章　*38*
金子みすゞ　*51*
河合隼雄　*111*
クレイマー Kramer, E.　*91, 101*

さ行

サリヴァン Sullivan, H. S.　*39*
シュタイナー Steiner, R.　*20*

ショア Shore, A.　*101*
鈴木龍　*141*

な行

ナウムブルグ Naumburg, M.　*8*
中井久夫　*8, 35, 39, 41, 58*
中村勝治　*117*

は行

バリント Balint, M.　*41*
ビオン Bion, W. R.　*117*
匹田幸余　*115*
フランクル Frankl, V. E.　*128*

ま行

森谷寛之　*117*

絵画療法Ⅰ　執筆者一覧

編　集

飯森　眞喜雄（いいもり　まきお・東京医科大学）
中村　研之（なかむら　けんし・中村メンタルクリニック）

執　筆

宮川　香織（みやかわ　かおり・東京医科大学）　　1章
藤川　洋子（ふじかわ　ようこ・東京家庭裁判所）　　2章
待鳥　浩司（まちどり　こうじ・かなまち慈友クリニック）　　3章
鈴木　美枝子（すずき　みえこ・筑波大学大学院教育研究科）　　4章
市来　百合子（いちき　ゆりこ・北海道医療大学）　　5章
内藤　あかね（ないとう　あかね・甲南大学）　　5章
中原　睦美（なかはら　むつみ・鹿児島大学）　　6章
中根　千景（なかね　ちかげ・医療法人内野クリニック）　　7章

芸術療法実践講座1　絵画療法Ⅰ
ISBN 978-4-7533-0406-6

飯森眞喜雄・中村研之　編

2004 年 4 月 27 日　初版第 1 刷発行
2009 年 9 月 28 日　初版第 2 刷発行

印刷 ㈱広研印刷　／　製本 ㈱中條製本工場

発行 ㈱岩崎学術出版社　〒112-0005 東京都文京区水道 1-9-2
発行者　村上　学
電話 03(5805)6623　FAX 03(3816)5123
©2004　岩崎学術出版社
乱丁・落丁本はお取替えいたします　検印省略

■**芸術療法実践講座**＝全6巻　　2004年春より刊行開始（○印既刊）

芸術療法実践講座①　　**絵画療法Ⅰ**（飯森眞喜雄・中村研之 編）
子どもの問題行動と絵画療法／非行少年と風景構成法／児童期・思春期・青年期心身症の治療における絵画療法／言葉を越えたコミュニケーション―自閉症児の造形活動／痴呆老人とのアートセラピー／ターミナル領域におけるコラージュ法／ターミナルケアにおける絵画・コラージュ・造形療法

芸術療法実践講座2　　**絵画療法Ⅱ**（飯森眞喜雄・伊集院清一 編）
長期入院分裂病患者の絵画療法／描画とともに―治療空間のために／精神科病院における絵画療法／不登校事例への援助―数々のテーマ画を用いて―／芸術療法を使いこなすクライエント／デイケアにおける絵画療法／精神科入院患者への絵画療法（目次は予定）

芸術療法実践講座③　　**コラージュ・造形療法**（高江洲義英・入江　茂 編）
精神科臨床におけるコラージュ療法／精神科・心理クリニックにおけるコラージュ・造形療法／開業心理臨床におけるコラージュ療法／精神科作業療法・デイケアにおける造形活動／デイケア・作業療法におけるコラージュ／非行臨床におけるコラージュの実践／思春期相談におけるコラージュ療法

芸術療法実践講座④　　**音楽療法**（飯森眞喜雄・阪上正巳 編）
精神病院における音楽療法／精神科・心理クリニックにおける音楽療法／精神科デイケアの音楽療法／児童領域における音楽療法／自閉症児の音楽療法／重症心身障害児への音楽療法／高齢者音楽療法における音楽的観点／痴呆老人のケアにおける音楽療法／ターミナルケアにおける音楽療法

芸術療法実践講座⑤　　**ダンスセラピー**（飯森眞喜雄・町田章一 編）
ダンスセラピーの試み／作業療法・デイケアにおけるダンスセラピー／心療内科・精神科クリニックにおけるダンスムーブメントセラピー／一般医療現場におけるダンスセラピー／思春期の問題行動に対するダンスセラピー／心身障害児に対するダンスセラピー／高齢者に対するダンスセラピー／ターミナルケアにおけるダンスセラピー

芸術療法実践講座6　　**詩歌・文芸療法**（飯森眞喜雄・星野惠則 編）
精神病院における詩歌・文芸療法／神経症と人格障害の連句療法／精神科・心理クリニックにおける詩歌・文芸療法「物語」／作業療法における詩歌療法／思春期・青年期の詩歌療法／痴呆老人のケアにおける詩歌・文芸療法／ターミナルケアにおける詩歌・文芸療法（目次は予定）

■好評既刊

芸術療法1　理論編
徳田良仁・大森健一・飯森眞喜雄・中井久夫・山中康裕 監修
A5判　208頁

芸術療法2　実践編
徳田良仁・大森健一・飯森眞喜雄・中井久夫・山中康裕 監修
A5判　208頁

風景構成法　中井久夫著作集 別巻1
山中康裕編集　　A5判　296頁

風景構成法その後の発展
山中康裕 編　　A5判　336頁

遊戯療法
V. M. アクスライン著　小林治夫訳　　A5判　384頁

ウィニコット入門　ウィニコット著作集 別巻2
S. A. グロールニック著　野中　猛・渡辺智英夫訳
A5判　208頁

■山中康裕著作集 = 全6巻（完結）

編集・岸本寛史

ひたすら，たましいの叫びに耳を傾け，たましいに深く触れ，たましいの癒しにかかわってきた，著者30年の広く深い精神世界の所産の集大成。精神医学，臨床心理学，教育，福祉，哲学，宗教に関心のあるすべての方に。

1巻　たましいの窓　児童・思春期の臨床　1
2巻　たましいの視点　児童・思春期の臨床　2
3巻　たましいと癒し　心理臨床の探求　1
4巻　たましいの深み　心理臨床の探求　2
5巻　たましいの形　芸術・表現療法　1
6巻　たましいの顕現　芸術・表現療法　2

A5判　上製　平均300頁

■中井久夫著作集・精神医学の経験 = 全8巻（完結）

1巻	分裂病	4巻	治療と治療関係
2巻	治療	5巻	病者と社会
3巻	社会・文化	6巻	個人とその家族
別巻1	風景構成法	別巻2	中井久夫著作論文集

A5判　上製